AF378125

Stéphane TOMA

Du merveilleux surnaturel aux merveilles de la nature

TOME 2

Le médium guérisseur

Comprendre et pratiquer les soins énergétiques

Livio Éditions

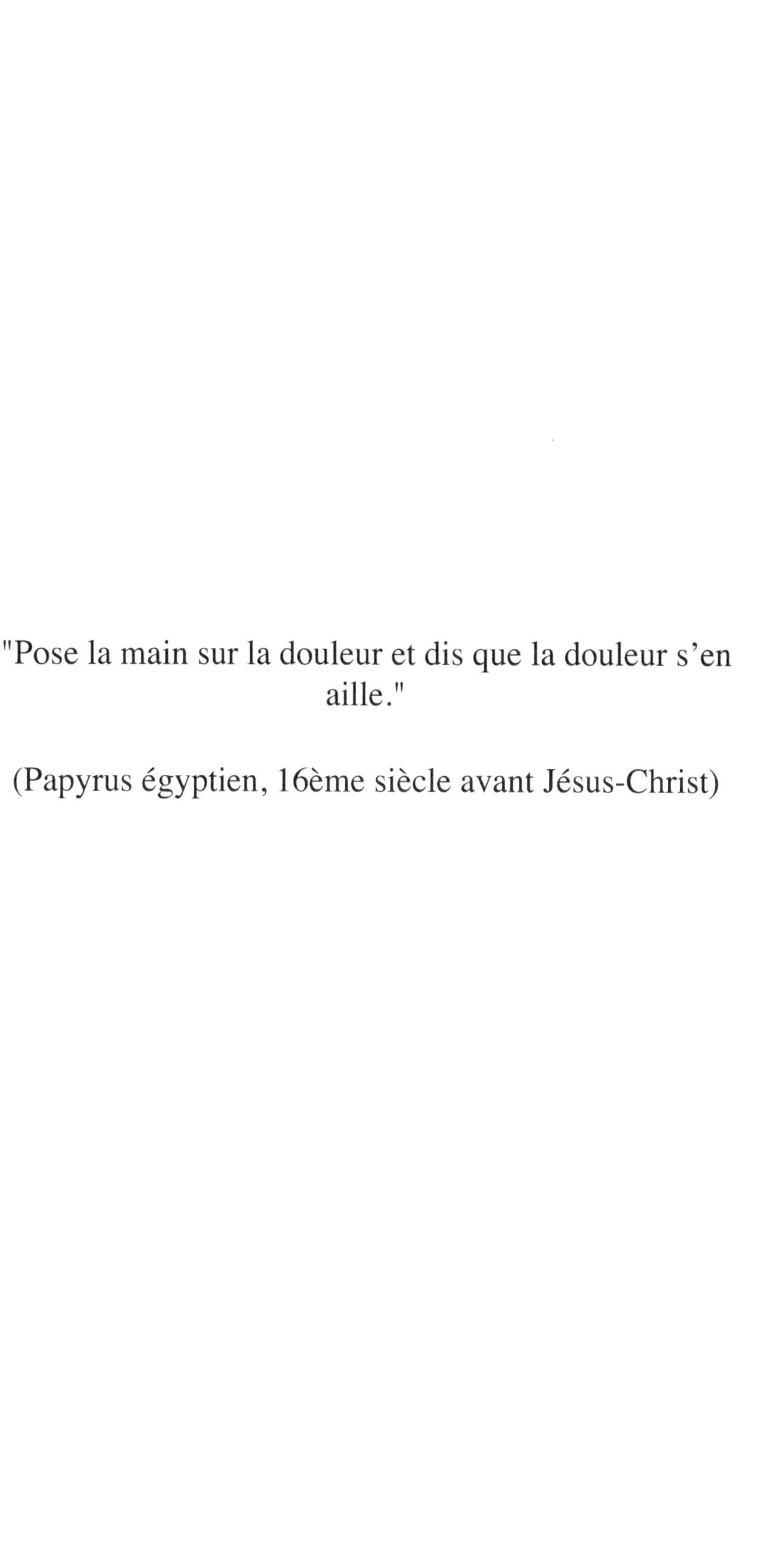

"Pose la main sur la douleur et dis que la douleur s'en aille."

(Papyrus égyptien, 16ème siècle avant Jésus-Christ)

INTRODUCTION

Aussi loin que nous remontions dans l'histoire de l'humanité, nous constatons que les soins énergétiques ont de tout temps et dans chaque culture fait partie des pratiques thérapeutiques.

Connaissances ancestrales transmises oralement, même encore de nos jours, chez les peuples dits primitifs, mais aussi connaissances transmises d'initié à initié, après de nombreuses années d'études et de travail sur soi, dans le cadre des « écoles du mystère ». Plus près de nous, les communautés esséniennes, réceptacles des connaissances égyptiennes, elles-mêmes issues d'un savoir plus ancien, pratiquaient des soins énergétiques dans leur globalité. C'est-à-dire dans la recherche d'un équilibre corps-esprit. Au 8ème siècle avant Jésus-Christ, dans l'Iliade, Homère fait référence à l'imposition des mains. Trois siècles plus tard, Pythagore base sa doctrine sur un « principe universel » et deux siècles encore plus tard, les stoïciens admettent l'existence d'un « fluide subtil » animant tous les corps. Ces deux doctrines ébauchent cette médecine par l'imposition des mains. L'usage des frictions se retrouve également dans la médecine des temples romains.

Il fallut attendre le 16ème siècle pour que le premier théoricien que fut Paracelse (médecin et alchimiste suisse, 1491-1541) pose les bases du magnétisme et de ses effets curatifs. Il développa d'ailleurs la théorie du fluide universel que Newton, deux siècles plus tard, étudiera également. Puis, grâce à Franz-Anton Mesmer, docteur de l'université de Vienne et à son dispositif nommé « baquet », le magnétisme parvint à la connaissance du public européen au 18ème siècle. Suivirent au 19ème siècle d'autres illustres praticiens et expérimentateurs comme le marquis de Puysegur, Deleuze, le baron Du Potet de

Sennevoy et Hector Durville.

À cette même période, Allan Kardec (1804-1869) codifia la doctrine spirite, posant là les bases du spiritisme et de la médiumnité. Les spirites attestent, du point de vue de la guérison dite spirituelle, l'existence et l'aide d'âmes désincarnées nommées Esprits, insufflant aux médiums des capacités guérissantes dépassant le magnétisme pur et agissant tant sur le corps que sur l'âme. Puis, au début du 20ème siècle, le japonais Mikao Usui développa la pratique du Reiki, démocratisant la canalisation directe de l'énergie universelle.

Malgré les condamnations dont elle a sans cesse fait l'objet, la pratique des soins énergétiques a traversé tous les âges. L'un de ses plus fervents accusateurs fut l'Église. Son rôle fut drastique. En l'an 300, elle condamne les adeptes de cette pratique en les menaçant de mort. Puis, lors du 5ème concile de Constantinople en 553, elle frappe d'interdiction les guérisseurs, clamant que "Dieu seul peut soigner le corps souillé du commun des mortels". Au moyen âge, seuls les rois de France et d'Angleterre avaient son aval et autorité de guérison, "Le roi te touche, Dieu te guérit". Comment l'Église pourrait-elle préserver sa suprématie si les pouvoirs divins devenaient facultés humaines ? C'était de sa part oublier ou ne pas comprendre les actes et paroles de cet illustre guérisseur que fut Jésus. Pour la science, bien que plus curieuse face à ces phénomènes, ces pratiques énergétiques comme spirituelles représentent encore un tabou et elle reste très discrète.

Magnétisme curatif ou guérison spirituelle, il existe autant de croyances et de façons de pratiquer qu'il y a de praticiens. Peu importe la procédure ou les gestes, toutes les approches véhiculent la même idée, la même énergie et le même Amour. Cet Amour du bien qui n'a de cesse de se démontrer de lui-même et gagne, petit à petit, sur l'incrédulité générale. Ce qui ne fait que le bien ne peut être l'œuvre du mauvais…

Toutes rejoignent les croyances établies depuis fort longtemps comme le montre, par exemple, un papyrus égyptien datant d'Aménophis 1 (16ème siècle avant Jésus-Christ) sur lequel est inscrite cette phrase caractéristique : "Pose la main sur la douleur et dis que la douleur s'en aille". Ce geste familier, instinctif, car nous portons automatiquement la main à l'endroit où se fait ressentir une douleur, a perdu aujourd'hui de sa simplicité et de son essence. C'est pourtant ainsi que mon premier soin s'est déroulé, soudainement, sans préconnaissance aucune, en posant ma main et souhaitant par Amour que la douleur s'en aille…

S'ouvrit pour moi ce jour-là, un long chemin de recherche, d'étude et de travail personnel. C'est ainsi que je suis devenu ce que je suis, un guérisseur des âmes et du corps, vous invitant ici à découvrir ces merveilles.

CHAPITRE 1

DÉFINITIONS ET GÉNÉRALITÉS

"La force qui est en chacun de nous est notre plus grand médecin"

Hippocrate

CONSTITUTION DE L'ÊTRE HUMAIN

Généralités

L'homme est constitué de :

- L'âme (ou l'Esprit) : siège des facultés intellectuelles et morales, de l'activité psychique et des états de conscience
- Le corps : enveloppe matérielle, siège des fonctions organiques
- Le périsprit (corps astral) : enveloppe fluidique de l'âme servant de lien entre l'âme et le corps. L'aura en est son rayonnement, son émanation.
- Le fluide vital (ou énergie vitale) : agent magnétique, sorte de conducteur électrique, permettant à l'âme d'agir sur le corps

« Âme » et « Esprit » sont là deux termes désignant la même notion avec cette différence que l'âme désigne l'Esprit lorsqu'il est incarné dans le corps physique, l'Esprit désignant l'âme lorsqu'elle est désincarnée, c'est-à-dire « détachée » du corps physique à la mort.

L'être humain est donc un Esprit incarné.

Revêtue de son enveloppe fluidique qu'est le périsprit, l'âme est elle-même revêtue de l'enveloppe corporelle qu'elle anime par le biais du périsprit. La pensée est un attribut de l'âme qui lui donne la possibilité d'agir sur le corps ; schématiquement, l'âme pense, le périsprit transmet, le fluide vital véhicule, le corps exécute. À l'inverse, quand le corps veut, le fluide vital véhicule, le périsprit transmet et l'âme reçoit.

Par ses cinq sens, le corps limite les perceptions aux choses matérielles et tangibles ; ce qui se touche, se voit, se sent, s'entend ou se goûte. Il nous fait ressentir la faim, la soif, le désir, la fatigue. Le périsprit lui, sorte de manteau fluidique de l'âme, de nature identique à l'énergie universelle, permet la perception des choses spirituelles qui échappent aux sens charnels. C'est par lui que l'Esprit incarné est en continuel rapport avec les Esprits (il est en quelque sorte le point de contact par lequel sont rendus possibles les effets médiumniques). Sous des appellations diverses (c'est le « KA » égyptien, « l'ochéma » de la Grèce antique, « le cordon argenté » des occultistes, etc.), cette relation importante entre l'esprit et le corps physique a toujours été plus ou moins bien connue. Cela dit, c'est au spiritisme et aux expériences menées à ce titre que nous devons la définition de la nature et du rôle de ce trait d'union entre la vie corporelle et la vie spirituelle.

Il est aussi comme un passeport spirituel où sont consignées nos vies, notre avoir intellectuel et moral, nos pensées. Sa nature s'épure, se rend plus ou moins éthérée et subtile selon le degré d'avancement moral de l'âme dont il est l'organe sensitif. Ainsi, s'ennoblissant des qualités morales acquises, il étend le champ de ses perceptions comme une parabole élargit son champ de réception des chaines du spirituel.

C'est cette constitution qui image et explique la dualité de l'être humain, constamment stimulé par la matière (le corps) et le spirituel (l'âme). L'influence de la matière sur les perceptions de l'âme rend cette dualité inévitable et permanente. Mais l'homme doit s'y éprouver afin d'en tirer tous les bénéfices facilitant son évolution. De cette même constitution découle également le fait que bien-être physique et bien-être moral sont liés.

L'énergie universelle et l'énergie vitale

L'énergie universelle est l'élément cosmique remplissant l'univers et donnant naissance aux divers corps organiques. Constitutif du monde spirituel, elle échappe tant à nos sens qu'aux lois de la matière et, de fait, est plutôt exclue des croyances scientifiques actuelles.

Pourtant connue depuis des millénaires, on retrouve ce principe sous diverses appellations comme le principe de vie animant le tout de Platon, l'éther d'Aristote, la lumière astrale de la Kabbale, le Prana des hindous, ou encore le Chi (ou Ki) des Chinois. Plus proche de nous, Paracelse émit au 15ème siècle la théorie du « fluide universel » qu'il désignait sous le nom d'iliastre, que Newton désignera sous le nom d'esprit très subtil. Plus récemment encore, la pratique du Reiki démocratisa amplement la canalisation de cette énergie aux vertus curatives. Et, dans les années 1980, des chercheurs américains, dont Barbara Ann Brennan, définissent le champ d'énergie humain (CEH) et étudient en milieu hospitalier l'action curative de cette énergie universelle. Autant d'exemples et de dénominations étayant le même argument, ce même « grand tout » nous animant et nous reliant dans notre universalité énergétique.

Éthérée, cette énergie universelle se condense dans l'organisme humain pour devenir le fluide vital, énergie nécessaire au bon fonctionnement du corps. Sa quantité n'est pas la même chez tous les êtres vivants, d'autant moins que ce fluide s'épuise au quotidien, comme l'essence d'une voiture. Il se renouvelle, par exemple, par la respiration, par l'alimentation ou par l'action d'une personne capable de l'extérioriser et de le transférer. Par comparaison au fluide universel, originel et pur, ce fluide vital peut être comparé aux couches inférieures de l'atmosphère, plus lourde, plus grossières que les couches supérieures. Il n'est ni matériel comme un organe ni liquide comme le sang. Comme le courant électrique qui fait s'illuminer l'ampoule, il est l'énergie responsable de l'animation du corps et de ses organes. Les pensées s'y impriment et selon qu'elles soient bonnes ou mauvaises, elles en modifient la qualité par répercussions, expliquant l'impact de la nature morale et émotionnelle sur le corps physique.

L'énergie curative a donc deux états bien distincts, mais découlant du même principe : l'énergie vitale et l'énergie universelle. La première étant matérielle, condensée dans le corps et soumise à la nature même du praticien, la seconde étant pure et de nature spirituelle (par comparaison à la matière que représente le corps). Pendant le soin, la différence réside alors dans la prédominance de l'une ou l'autre énergie. Le magnétiseur diffuse sa propre énergie vitale[1]. Le médium guérisseur lui, pouvant également agir comme un magnétiseur, reçoit l'énergie des Esprits supérieurs en complément. Le fluide, qui pourrait là être qualifié de spirituel, se voit renforcé de leurs qualités. Mais selon ses capacités, le praticien canalise directement l'énergie universelle[2]. Il agit alors comme un condensateur, un passeur, l'énergie se déversant ainsi sur le patient par le biais du périsprit qui est de même nature, comme l'air s'insuffle naturellement dans les poumons. Le contact direct n'est donc pas obligatoire.

Les chakras

Chakra est le nom Sanscrit des centres énergétiques du corps, appelés aussi centres psychiques. Ces centres régissent notre énergie vitale et sont en rapport avec un aspect de notre

---

[1] Bien que certains magnétiseurs ne partagent pas la croyance en la médiumnité, ils obtiennent même à leur insu l'assistance d'Esprits supérieurs. En effet, ces derniers n'aident pas uniquement ceux qui croient en eux et quiconque souhaite le bien les appelle sans même s'en douter.

[2] La pratique du Reiki se base sur ce principe

conscience et une partie spécifique de notre corps. Les 7 chakras principaux (associés aux 7 corps subtils[3]) sont liés à nos plexus nerveux les plus importants et jouent un rôle dans notre santé tant physique que morale.

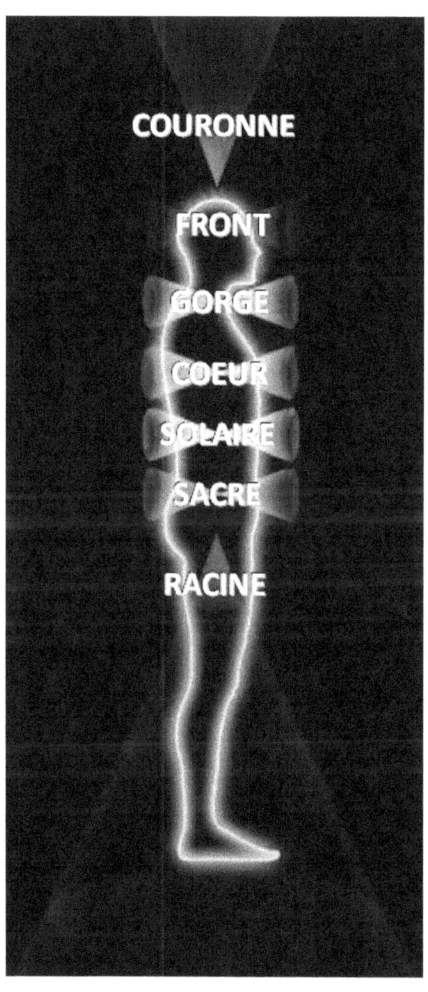

---

3 Voir plus bas : L'aura

CORRESPONDANCES			
Chakra	**Glandes**	**Plexus nerveux**	**Système**
Racine	Surrénales	Sacré	Lymphatique, osseux, élimination
Sacré	Gonades	Lombaire	Reproducteur, assimilation
Solaire	Pancréas	Solaire	Digestif, musculaire
Cœur	Thymus	Cardiaque	Immunitaire, circulatoire, respiratoire
Gorge	Thyroïde	Cervical	Métabolique
Front	Pituitaire	Carotidien	Endocrinien
Couronne	Pinéale	Cerveau	Nerveux

ÉTATS DE CONSCIENCE FAVORISES		
Chakra	**Psychiques**	**Spirituels**
Racine	Stabilité, ancrage, réalisation, sécurité, confiance	L'univers est amical
Sacré	Équilibre des énergies féminines et masculines, sexualité	Libre arbitre, tout est ouvert au choix
Solaire	Contrôle de soi, responsabilité, liberté, pouvoir (être et faire), vitalité	Croyance en une force, une énergie supérieure
Cœur	Affinité, union, compassion, amour, don de soi, tolérance	Conscient de la réalité de l'âme, rayonnant d'amour
Gorge	Écoute, expression, valorisation de ses idées et celles des autres, partage	Communion avec l'esprit de la nature et ses buts
Front	Conscience individuelle, mémoire visuelle, sensibilité	Conscience spirituelle, l'univers prend tout son sens
Couronne	Ouverture, savoir, foi, intuition, unité, complétude, force, perception	Conscience universelle, unité avec la volonté divine

Tout comme des roues de moulins, ils tournent dans le sens des aiguilles d'une montre et font circuler l'énergie vitale afin qu'elle se diffuse à chacun de nos organes. Pareils aux voyants du tableau de bord d'une voiture, ils jouent un rôle d'indicateur, car un déséquilibre dans une partie du corps ou dans notre psychisme s'y reflète. Leur vitesse de rotation, variant selon l'état de santé et donc leur charge énergétique, ne doit être ni trop faible ni trop forte. En effet, l'excès comme le manque d'énergie est dommageable et engendre des dysfonctionnements, tant physiques que psychiques.

Les chakras ne peuvent garder leur équilibre énergétique constamment, le quotidien et ses aléas venant les « encrasser » et freiner leur bon fonctionnement. Lorsque l'énergie circule peu ou mal, les organes et systèmes endocriniens liés aux plexus nerveux sont impactés, entrainant par conséquent la maladie. Un nettoyage/ré-équilibrage régulier permet de favoriser leur dynamisme nécessaire au bien-être du corps et de l'esprit.

Souvent qualifié de deuxième cerveau, le chakra du plexus solaire est celui qui a le rôle le plus capital. Les organes qu'il gère dans la zone ventrale sont d'ailleurs le foyer de bon nombre de problématiques physiques. Là où le chakra racine irrigue le corps en énergie terrestre, celui du plexus solaire puise ses ressources dans l'énergie universelle et a pour fonction de réguler le flux énergétique entre les principaux chakras. Sa balance énergétique est dépendante de la consommation des autres chakras. Par conséquent, s'il est trop sollicité, il épuise ses ressources en fonctionnant excessivement pour réguler le flux.

Lecture

De la lecture de chaque chakra découle une description exhaustive de la circulation énergétique dans le corps. Elle permet donc de définir tout dysfonctionnement pouvant figurer d'un problème de santé en cours ou à venir.

La méthode diffère ici selon les capacités de chacun. Certains les ressentent, d'autres les voient (généralement imagés par un lotus dont la couleur et la forme traduisent l'information à décrypter). D'autres utilisent un pendule, le positionnant au-dessus du chakra pour en analyser le mouvement et en définir son taux vibratoire. L'une des méthodes les plus simples à mon sens consiste à positionner la main au-dessus du chakra, bien parallèlement au corps. Selon la charge énergétique, un souffle plus ou moins vif et un mouvement oscillant plus ou moins rapide se font alors ressentir sur la paume. La vitesse de rotation idéale qui doit s'imprimer équivaut à celle du mouvement de survol de la main, ouverte au-dessus d'un cercle de la taille d'une assiette à dessert et dont le survol complet s'effectuerait en moins de 2 secondes.

BALANCE ÉNERGÉTIQUE DES CHAKRAS			
Chakra	**Manque**	**Équilibre**	**Excès**
Racine	Manque de confiance, d'ancrage et de volonté, faible libido, masochisme, tendances suicidaires	Vitalité physique, bien-être, ancrage, sexuellement affectueux, maître de soi	Égoïsme, domination, inhibition sexuelle
Sacré	Honte, timidité, peur, sensibilité excessive, trouble des désirs sexuels, ressentiment, méfiance, culpabilité	Estime de soi, sociabilité, discernement, pouvoir de décision, capacité de chasser les mauvaises pensées	Hyperémotivité, agressivité, ambition excessive, manipulation, obsession pour la sexualité
Solaire	Déprime, manque de confiance, confusion, problèmes de digestion, peur de la solitude et du qu'en-dira-t-on	Joie, respect de soi et des autres, détente, vitalité, spontanéité, expressivité, bon appétit, bonne digestion	Catégorique, perfectionnisme, intellectualisme excessivité, difficulté dans le rapport à l'autorité

Cœur	Indécision, besoin de contrôle, peur du rejet, besoin constant d'être rassuré, paranoïa	Compassion, empathie, extraverti, positivisme, satisfaction	En demande, critique excessive, possessif, humeur changeante, maniaco-dépressif
Gorge	Timidité, contradiction, difficulté d'expression, complexe d'infériorité	Centré, combatif, bon orateur, attirance pour la méditation et la spiritualité	Arrogant, moralisateur, logorrhée, machisme sexuel
Front	Pensée embrouillée, indiscipline, peur du succès, difficulté à se projeter	Clarté de pensée, charisme, détachement des possessions matérielles, acceptation	Désorganisation du raisonnement, égo maniaque, fierté excessive, manipulation, autoritarisme
Couronne	Inertie, abattement, grande tristesse, indécis, négativisme, mésestime de soi	Accès total à l'inconscient et au subconscient	Restriction des émotions, frustration, dépression

DÉSORDRES EN CAS D'ATTEINTE		
Chakra	**Psychiques**	**Physiques**
Racine	Maladresse, troubles du schéma corporel, impression de survivre, dépendance à l'autre, crises identitaires, faible égo, manque du sens de la vie	Problèmes de colon, de vessie et de l'appareil génital, addictions, manque de conscience du corps, douleurs lombaires, au bassin et aux jambes, manque de vitalité
Sacré	Personnalité changeante, dépression, hystérie, incapable d'être intime sexuellement, faibles capacités relationnelles inhibition, difficulté à différentier le positif et négatif	Anémie, allergies, hypoglycémie, problèmes de reins et de rate, douleurs menstruelles, constipation, crampes musculaires, perte de poids
Solaire	Comportement compulsif ou obsessionnel, négativisme, colère, peur excessive, problèmes de sommeil, dépression, obsession, perfectionnisme, autoritarisme	Anorexie, problèmes de foie, allergies alimentaires, crampes, spasmes, tensions musculaires, addictions, stress, désordres digestifs, prise de poids, faible vitalité

Cœur	Colère, incapacité à se lier à l'autre, tendances auto destructrices et suicidaires, paranoïa, sentiment de culpabilité, ressentiments, rancune, tristesse, solitude	Problèmes de circulation sanguine, fatigue, problèmes respiratoires, tension, maladies vasculaires et cardiovasculaires, désordre immunitaire
Gorge	Incapacité ou difficulté à verbaliser son « moi », bégaiement, difficulté à communiquer, manque de discernement	Problèmes auditifs, lymphatiques, dentaires, douleurs de nuque, de cou et d'épaule, problèmes d'élocution, maux de gorge
Front	Critique, catégorique, faible ouverture d'esprit, confus, fixations, manque de concentration, déconnexion avec la réalité, épuisement psychique, maladies mentales	Problèmes de sinus, troubles oculaires, maux de tête et migraines, insomnie, déséquilibres hormonaux
Couronne	Troubles de la mémoire, cauchemars, stress, inquiétude, hystérie, dépression, restriction des émotions	Maladies cérébrales, migraines, troubles du système endocrinien, problèmes psychologiques

L'aura

L'aura est un champ énergétique, sorte de halo de lumière de forme ovoïde et entourant le corps. Émanation du périsprit, elle reflète notre santé, notre caractère, nos pensées, nos émotions et tout ce qui nous constitue. Chaque émotion y induit comme un message, une onde énergétique, un flux, une vibration chargée de ces états.

Par notre aura, nous « dégageons » ce que nous sommes et que l'autre peut ressentir ou non. La sympathie ou l'antipathie immédiate s'explique par cette harmonie ou disharmonie vibratoire et subtile. C'est donc par la perception de ce rayonnement que l'on peut également retirer un premier aperçu des qualités et besoins du patient. Là encore, chaque patricien a sa façon propre de la percevoir et de l'analyser. Couleurs, buées, nuages sont autant d'indicateurs de l'état de santé, de l'humeur et de l'élévation spirituelle qui s'y reflètent. Plus la représentation en est claire, plus elle correspond à des états positifs (l'Amour, la paix, les bons sentiments, le bien-être en général). À l'inverse, foncée, elle dénote des troubles tant émotionnels que spirituels (la haine, la jalousie, le rejet de la spiritualité, le mal-être).

À la manière des poupées russes, différentes couches, les corps dits subtils forment l'aura. Associés à leurs chakras respectifs, ils se « travaillent » par le biais de ces derniers et correspondent aux trois plans tels que décrits dans le tableau ci-dessous :

Plan	Corps subtil	Fonctions	Chakra
Physique	Éthérique	Sensations et fonctions du corps physique	Racine
	Émotionnel	Les émotions et les sentiments	Sacré
	Mental	Le système de pensées	Plexus Solaire
Astral	Astral	Relais entre le plan physique et le plan spirituel	Cœur
Spirituel	Causal	Causes et effets des événements de notre vie actuelle et celles antérieures	Gorge
	Spirituel	L'élévation spirituelle	Front
	Divin	Connexion au divin et conscience universelle	Couronne

LE MAGNÉTISME CURATIF

En physique, le magnétisme est un phénomène par lequel se manifestent des forces électriques en mouvement, attractives ou répulsives, d'un objet sur un autre. Ces objets dits magnétisables sont susceptibles de réagir au champ magnétique par une réaction d'orientation et/ou de déplacement dépendante de la force et de l'orientation. Cette force s'effectue par l'intermédiaire du champ magnétique et est produite par des charges en mouvement ou des aimants. C'est par analogie avec les aimants que le terme de magnétisme a donc pris son nom.

Le magnétisme curatif est la transmission de l'énergie vitale d'une personne à une autre. Le « donneur », le magnétiseur, est une personne ayant la capacité de canaliser, d'extérioriser son fluide personnel et de le diriger vers l'organisme du patient au moyen de gestes nommés « passes ». Le principe de transfert visant à rétablir l'équilibre énergétique est simple : un émetteur, un récepteur. Pour imager le processus, il en est de même pour une pile rechargeable qu'un chargeur remplirait, ou de l'eau que l'on boit et que le corps répartit. Ce dernier absorbe cette énergie, la diffuse soit à une zone déterminée en cas de besoin spécifique, soit par les chakras aux divers plexus nerveux qui eux-mêmes alimentent les organes connexes. Si parfois la guérison n'est pas totale, cela fournit néanmoins l'énergie nécessaire à l'organisme pour se régénérer ainsi que la libération des blocages physiques, émotionnels et mentaux.

C'est par la pensée et la volonté de soulager que le fluide du magnétiseur s'extériorise et s'anime de propriétés curatives. Effectuer une passe sans joindre la pensée reviendrait à vouloir aérer une pièce en ouvrant la fenêtre, mais en laissant les volets fermés. En d'autres termes, les apports seraient ou faibles ou nuls. De même que s'il est fatigué ou lui-même malade, le magnétiseur ne produira peu ou pas d'effets, quand bien même sa volonté serait puissante. La qualité de cet influx fluidique est donc dépendante de la bonne condition du magnétiseur.

ASPECTS GÉNÉRAUX

Le mal a dit

"Quand le mal a dit, l'âme agit."

Du point de vue énergétique, la maladie découle du déséquilibre entre les besoins d'un plexus nerveux et de ses ressources effectives. Manque ou hyperfonctionnement, les organes liés ainsi que les fonctions plus psychiques du chakra correspondant le subissent dans leurs fonctionnements. S'ensuit donc un signal de même fréquence, un cri d'alarme. Ce signal, c'est la maladie.

En dehors des maladies chroniques ou virales, l'esprit est responsable de nombreux désordres physiques. Les maladies dites psychosomatiques démontrent d'elles-mêmes cette incidence néfaste que l'esprit peut avoir sur le corps. Se faire du mauvais sang, se faire de la bile, en avoir gros sur le cœur, en avoir plein le dos, autant d'images si parlantes des maux que l'on s'inflige soi-même.

Le corps est alors un messager qui, tel un voyant sur le tableau de bord d'une voiture, indique un problème dans le moteur qu'est l'esprit. En effet, l'homme ronge bien souvent ses forces vitales par sa propre pensée, ses émotions et passions exagérées qui excitent ses nerfs, influent sur la sécrétion des glandes et agissent comme un poison dans ses veines. Il est certes difficile de chasser véritablement ce qui nous constitue ; nos troubles, nos angoisses, nos souffrances, nos peurs et notre système de pensées sont autant de résultantes de notre vécu. Cependant, l'énergie vitale s'en imprégnant, l'homme ne peut que créer la maladie s'il n'est que haine, colère ou rancœur.

Là, quand le mal a dit, un changement s'impose. Il faut alors faire face et non faire avec, le réel bien-être résidant dans l'acceptation et non dans le rejet. Se défaire de schéma négatif ou limitant demande une dépense énergétique parfois tout aussi importante que celle provoquée par le mal lui-même. Mais se prémunir de les panser est finalement bien plus néfaste.

La guérison

"Avant de guérir quelqu'un, demandez-lui s'il est prêt

à abandonner les choses qui le rendent malade."

Hippocrate

Bien souvent, le patient sollicite le guérisseur en derniers recours, après l'échec des thérapies traditionnelles. Il s'y prête donc parfois sans y croire vraiment, repoussant ainsi par son mental les énergies qui lui sont envoyées. Il n'est pas rare, dans ce cas, que le soin peine à porter ses fruits. Il est donc préférable que le patient émette des dispositions positives quant au soin et à ses possibilités. Ne prêter aucune croyance à la pratique énergétique est une chose, ne pas s'autoriser à en recevoir le bénéfice en est une autre. Si la volonté de guérir, même inconsciente, fait défaut, il manque le stimulant nécessaire et le patient demeure indifférent aux sollicitations du travail à accomplir. L'énergie doit se sentir accueillie sans restriction aucune et, ainsi, être véhiculée avec les qualités requises par la pathologie. Elle est sinon comme un ami qui frappe à notre porte sans qu'on la lui ouvre ; ne se sentant pas accueilli, il fait demi-tour. Il convient alors, par suggestion, d'inviter le patient à se relâcher, l'aider à amoindrir cette résistance. Ainsi, il sera dans les meilleures conditions et en tirera les plus grands bénéfices.

Les effets peuvent donc être bénéfiques ou nuls et dépendent tant du praticien que du patient lui-même. Bénéfiques si le praticien est en bonne santé aussi bien physique que morale et voué au soin le plus positivement possible. Nuls si sa santé est altérée ou ses forces morales et spirituelles sont supplantées, par exemple, par l'orgueil ou la recherche de reconnaissance. Et tout autant si le patient est perclus de mauvaises pensées ou se ferme au soin par non-croyance ou non-investissement de sa part.

Le temps est aussi une composante de la guérison, surtout pour les pathologies les plus lourdes et les plus anciennes. C'est donc une sagesse nécessaire d'accepter que, parfois, elle se fasse par étape afin que le corps prenne le temps nécessaire à sa remise en forme. Il peut, de plus, subvenir des crises qui feraient croire à une accentuation du mal, mais qui témoignent pourtant d'un ré-équilibre de l'autodéfense stimulée par le soin.

Mais c'est surtout en lui faisant prendre conscience de ce qui, en lui, a pu installer ou envenimer la maladie que l'on va soigner le patient. Son vécu, son caractère, son hygiène de vie physique comme morale, son système de pensées sont là des points à traiter en priorité afin d'éradiquer la cause de la maladie. Aspects souvent difficiles à aborder, mais le médium recevra de son Guide les bonnes paroles, les idées à développer avec son protégé, afin de l'amener à une douce prise de conscience.

Enfin, tout comme on éduque son enfant pour qu'il devienne un adulte autonome et bienveillant pour lui-même, le praticien accompagne, répète, explique autant de fois qu'il est nécessaire de le faire. Mais il doit avoir pour but que son patient n'ait plus besoin de lui. Par des clés simples, des réflexes quotidiens à mettre en pratique, il doit éveiller, stimuler sa capacité d'auto-guérison, d'auto-prévention de la maladie.

Le principe de guérison réside donc dans une thérapie globale dont la schématique peut se résumer en ces points :

1. Nettoyage pour libérer les flux énergétiques négatifs
2. Ré-équilibrage énergétique pour revitaliser physique et moral
3. Résolution des problématiques du vécu
4. Acceptation et lâcher-prise
5. Restructuration du système de pensées
6. Alignement au spirituel

Principes généraux des soins énergétiques

L'énergie vitale anime et alimente nos organes dans leurs fonctionnements. Elle n'est pas une substance qu'une molécule médicamenteuse peut revigorer, mais, en quelque sorte, comme l'eau qui fait partie de notre constitution organique. De même que l'on boit pour ressourcer notre corps en eau, les soins énergétiques le revitalisent en énergie.

Chaque chakra est relié aux plexus nerveux les plus importants et aux divers systèmes endocriniens. Toute la thérapeutique vise donc à rétablir leur équilibre énergétique, en insufflant de l'énergie afin de les redynamiser. De plus, l'énergie agit directement sur le périsprit qui s'en imprègne comme l'éponge se gorge d'eau. Étant intimement lié au corps physique, le fluide salutaire se transmet alors naturellement de l'un à l'autre. Par conséquent, le corps et les défenses immunitaires vont réagir au dynamisme du soin. L'action peut donc réveiller des douleurs, produire des gênes ou des sensations désagréables. Ce ne sont là que des crises dites salutaires, signe d'un travail effectif : le mal sort. Le patient peut alors être décontenancé en constatant le contraire d'une amélioration dans un premier temps. Il est donc important de le rassurer et de lui en expliquer les raisons. Il pourrait sinon émettre de mauvaises pensées à l'égard du soin et ralentir, voire bloquer, le processus en cours.

La sensibilité et la capacité au laisser-aller de chacun font que la perception du soin en est forte ou faible. L'action n'en est pas moins effective et l'important, bien sûr, n'étant pas de ressentir le travail, mais bien qu'il se fasse. Les sensations varient, selon l'action à mener, entre diffusion de chaleur ou de froideur, impressions de courants fluidiques dans les membres, remous, frissons, impressions de malaxation, effets engourdissant voire anesthésiant (attestant un travail en profondeur de la zone ciblée), etc. Une détente générale, un calme et un bien-être menant parfois à une douce somnolence sont constamment ressentis. Aussi rares soient-ils, certains patients ne ressentent rien. Cela ne tient pas à un dérèglement quelconque, mais découle simplement de leur sensibilité « magnétique ». Il convient alors de les rassurer, car ils s'imaginent que s'ils ne ressentent rien, le soin ne produira aucun effet. Il n'en est rien, le ressenti n'étant pas une composante obligatoire ou restrictive. D'autres, au contraire, sont extrêmement sensibles aux effets qu'ils perçoivent très nettement, les décrivant parfaitement. C'est cette forte sensibilité qui en mène certains à se relaxer si profondément qu'ils finissent par s'endormir : là est le sommeil dit magnétique. De plus, le scepticisme pouvant être de mise, il ne faut pas essayer de convaincre au préalable, mais plutôt de laisser les résultats parler d'eux-mêmes. Dans certains cas, si la résistance mentale est trop forte, le praticien doit ici mener son patient au relâchement le plus total. Il doit, autant que faire se peut, être dans l'accueil et non dans le doute, s'en remettre à la fois à la Providence et à sa propre volonté de guérir.

Lors du soin, tout comme le praticien doit être détendu et calme, le patient est confortablement installé et invité à s'abandonner au soin comme on s'abandonne à un massage. Il ne croise aucun membre, afin que la circulation sanguine ne soit empêchée et qu'il n'y ait aucune tension musculaire. Quant à sa durée, elle ne peut être définie comme fixe. Le ressenti du praticien ainsi que les informations reçues de son Guide viendront l'avertir de la nécessité de poursuivre ou de stopper l'action en cours. Il en est de même pour le nombre de séances nécessaires au bon déroulement de la thérapie énergétique.

Le processus énergétique continuant d'agir après le soin, le suivi est tout aussi important que le soin lui-même. Le lien ainsi perpétué permettra d'affiner, si besoin, le travail en cours. À ce titre, outre les contacts directs avec le patient, c'est par la prière que le médium guérisseur agit en ce sens. Il dirige ainsi bonnes pensées et influx énergétique pour compléter le soin. C'est également par elle qu'il accompagne son patient, silencieusement et parfois sans lui en faire part, restant à la disposition active de son mieux-être. Ainsi, sans être uniquement dévoué à sa tâche (car il doit aussi préserver son équilibre d'homme), le médium guérisseur laissera son Guide puiser en lui les forces nécessaires à la pérennité du bien-être de son patient (tout en le préservant de l'épuisement). Par ce mode « automatique », le patient reçoit ce qui lui est « utile » au moment où il en ressentira le besoin. Ainsi, lors d'un simple message à son praticien même resté sans réponse sur l'instant, ou une pensée qui le connectera alors à lui[4], il en percevra en retour l'influx énergétique qui lui est nécessaire.

Cette pratique a également une dimension morale et spirituelle qu'il faut bien prendre en compte. Le lien corps-esprit est tel qu'il faut parfois régler un problème d'ordre émotionnel ou psychologique afin de pleinement éradiquer la cause. Et c'est également par ses mauvais penchants que le patient ronge ses forces vitales et en imprègne son énergie. La rénovation intime est partie prenante de cette thérapie qui se veut donc globale.

Soin à distance

Par téléphone pour un patient ou un lieu distant géographiquement, sur photo pour un nourrisson ou un animal par exemple, le soin peut s'effectuer à distance. Cette possibilité est en général assez mal accueillie par celui qui n'en connait pas ou n'en comprend pas le principe. Il pense alors que les effets seront moindres qu'en direct voire que cela est tout bonnement impossible. Il est pourtant admis qu'en voyance, on puisse répondre à une question sur une personne de l'entourage du consultant et qui n'est donc pas présente lors de la consultation. Mais il est souvent difficile de rapporter au soin cette possible connexion distante.

Cela est tout simplement rendu effectif par le même principe ; notre connexion à ce grand tout, cette énergie universelle à laquelle nous sommes tous reliés et qui nous interconnecte. Tout acte de guérison est animé par la pensée du

---

[4] Voir Tome 1, Chapitre 1 : Mécanisme de transmission de la prière/pensée

praticien. Chaque pensée est énergie et l'énergie universelle transporte la pensée comme l'air transporte le son[5]. Ce que le soignant souhaite produire comme effet est alors une pensée véhiculée vers le patient qui en reçoit toute l'énergie.

Connecté comme par projection mentale, le médium guérisseur ressentira son patient comme s'il était auprès de lui et peut donc lui délivrer son soin (lui faire délivrer serait plus juste). Outre l'assistance de son Guide qui lui apportera les informations relatives à ce qu'il doit prodiguer, la vue spirituelle du praticien joue ici un rôle prépondérant, facilitant la visualisation et le ressenti distant.

Par téléphone, la voix et la respiration qui se font entendre créent un lien plus direct qu'un soin sur photo. Mais ce n'est évidemment pas l'installation téléphonique qui véhicule les pensées du guérisseur. Seule précaution pour le patient, être confortablement installé, de préférence allongé plutôt qu'assis. En effet, si survient le sommeil magnétique, autant ne pas tomber de sa chaise…

La photo, elle, est une sorte de témoin énergétique, un support sur lequel la pensée du praticien peut s'appuyer. Certains effectuent des gestes sur elle, d'autres se contentent de la regarder ou de la prendre entre leurs mains jointes comme en prière. Là encore, il y a autant de techniques que de praticiens. Il n'est ici pas nécessaire de définir un rendez-vous avec le patient. Ce dernier n'est donc pas obligé de se mettre mentalement en rapport avec le soin lors de son déroulement. Les effets lui seront délivrés au moment le plus opportun, son Guide y veillant. Ainsi, les effets ne viennent jamais se produire lorsque le patient ne peut être sollicité.

---

[5] Voir Tome 1 Chapitre 1 : Mécanisme de transmission de la prière/pensée

Déontologie

Le médium guérisseur ne remplace pas le bon sens et ne se substitue pas à la médecine traditionnelle.

Il s'assure que le patient n'exclue pas la médecine traditionnelle et s'est au préalable tourné vers elle.

Les décisions liées à la maladie et à son traitement ne dépendent que du médecin traitant.

Il s'assure que l'état du patient ne nécessite pas en urgence des interventions médicales ou chirurgicales dont le retard ou l'abstention le mettrait en danger.

Avant tout soin, il établit l'anamnèse de son patient (antécédents médicaux, traitements en cours, etc.) et s'assure notamment que le patient ne présente aucun trouble d'ordre psychiatrique pouvant être incompatible ou dangereux pour le patient lui-même (schizophrénie, psychose maniaco-dépressive, etc.).

Celui qui reçoit, comme celui qui donne, doit être dans la confiance la plus absolue. Le praticien, s'il n'est pas lui-même confiant en ses capacités, n'inspirera aucune confiance à son patient.

Tout mineur doit être reçu avec l'accord des parents.

Le médium guérisseur respecte l'intimité et la pudeur de son patient.

Il respecte les croyances et idéologies de chacun.

Il s'assure de ne pas créer (et laisser se créer) un lien de dépendance ainsi qu'un climat de mysticisme.

Il ne cherche pas à convaincre, mais à guider, laissant œuvrer le libre arbitre de chacun et démontre les intentions les meilleures à travers ses attitudes.

Avec patience, tolérance et respect, le médium guérisseur doit parler avec le cœur, même s'il doit parfois bousculer son patient.

CHAPITRE 2

LA MÉDIUMNITÉ GUÉRISSANTE

"Lorsque deux forces sont jointes, leur efficacité est double."

Isaac Newton

DU MAGNÉTISEUR AU MÉDIUM GUÉRISSEUR

Certains médiums, qui parfois n'ont aucune connaissance en magnétisme, découvrent directement leur faculté par l'éveil de la médiumnité se déclarant d'elle-même[6]. Ils peuvent alors, en parallèle, apprendre les procédés du magnétisme et les assimiler facilement par la pratique.

À l'inverse, pour certains magnétiseurs déjà pratiquants, il arrive que pendant un soin, vienne un dialogue avec le patient, déclenché comme par intuition. Qu'une impulsion, une envie de positionner la main de telle manière, à tel endroit, vienne l'animer. Généralement le geste est alors mécanique, le praticien se sentant comme téléguidé. Ce qu'il est à juste titre, son Guide venant lui ouvrir les portes de la médiumnité guérissante. Peu à peu, guidé intuitivement, le praticien pourra se laisser porter par l'impulsion qu'il reçoit, inspiré, dirigé dans ses gestes et ses paroles. La vue spirituelle se développera ensuite, inévitablement, car un guérisseur est forcément « voyant ». Il recevra par ce biais bon nombre d'informations (causes, effets, actions à mener, etc.).

La suite appartient à chacun et il n'y a aucun cursus type, prédéfini et obligatoire. Les uns développeront une certaine spiritualité, d'autres non. Certains se lanceront dans l'étude de ses principes, d'autres se contenteront de pratiquer. Certains ne se diront jamais médium guérisseur, n'ayant pas pleinement conscience de l'immense potentiel de leur faculté. Mais tous seront animés par la même force du cœur et c'est bien là l'essentiel. Pour ceux qui s'y abandonneront totalement, la Lumière prendra place dans l'Amour et, de tout leur être, ils se tourneront vers cette bienveillance de tous les instants. Ils seront

---

6 Voir Tome 1, chapitre 2 : Phases et évolution

alors les outils de la Providence, au service docile du bien-être des hommes comme des Esprits. Ils devront donc appréhender les dangers de la médiumnité, en amont ou sur le fait accompli (ce que parfois les Guides laissent faire afin que l'apprentissage soit le plus bénéfique, comme on laisse un enfant se cogner sur le coin de la table après l'avoir maintes fois mis en garde).

DU RÔLE DE LA MÉDIUMNITÉ GUÉRISSANTE

Outre l'énergie qu'il diffuse, c'est l'Amour qui l'anime que le médium guérisseur apporte à son patient. Et à travers lui, tout le monde spirituel, de ses plus bénéfiques et salutaires effets, vient embrasser l'âme en souffrance. Il touche du regard, apaise par ses mots. Auprès du patient, sa présence est réconfortante, solaire, pleine d'un Amour rayonnant là où il se trouve et influence l'aura du patient. Il apporte la même chose à distance, par téléphone ou sur photo, s'en remettant à la Providence, à l'énergie universelle, à Dieu, peu importe ses croyances. La foi, la prière et les Esprits supérieurs sont ses outils, l'élévation spirituelle son credo et son garde-fou.

La médiumnité guérissante a pour but le rétablissement de la santé physique et psychique. Mais le lien corps-esprit est tel que si le guérisseur ne cherche qu'à soigner le corps, il ne s'attaque qu'à l'effet. Il laisse alors la cause active, permettant ainsi à l'effet de se reproduire. C'est pourquoi son objectif principal est d'éradiquer la cause. Cette dernière, pouvant résider dans les mauvais penchants, c'est parfois par la guérison morale qu'il doit dynamiser les forces de son patient. L'élan vers ce miroir moral pouvant être faible, le praticien devra alors éveiller des considérations plus élevées. Inspiré par son Guide et celui de son patient, il saura amener ce dernier sur le chemin de ce progrès moral et spirituel, lui en faisant entrevoir tout le bénéfice.

Cette fonction guérissante destinée au soulagement des souffrances du corps et de l'esprit s'adresse alors aux êtres incarnés. Mais sa dimension morale et spirituelle fait qu'elle s'adresse tout autant aux Esprits. Ces derniers sont aussi les patients du médium guérisseur. Il aidera alors ceux qui ne comprennent par leur condition (comme dans le cas d'une mort brutale par exemple), ceux qui ont un besoin absolu de communiquer avant de poursuivre leur chemin, ou bien encore ceux qui se trouvent de l'autre côté du bien (cet autre côté étant délimité par leur volonté de progresser et la barrière qu'ils se fixent eux-mêmes entre le bien et le mal)[7]. Il aidera également l'Esprit souffrant d'une épreuve nécessaire à son repentir, même si cela ne changera pas les desseins de la Providence. Il soulagera sa douleur, renforcera sa volonté de mieux être et lui fera comprendre et accepter l'utilité de l'épreuve afin de le faire grandir. En dehors des communications qu'il pourra avoir avec lui, s'il doit les avoir, c'est par la prière que le médium guérisseur apportera ses bienfaits à un Esprit. Comme toute personne pour laquelle on prie, il en éprouvera du soulagement par le simple fait d'être entendu dans sa souffrance.

Dans le cadre du traitement des Esprits obsesseurs, la démarche est toute autre. Le détourner de ses mauvaises actions et l'amener au repentir est une tâche parfois bien difficile et dangereuse. Ce point sera abordé plus en détail au prochain chapitre.

---

[7] Voir Tome 1, chapitre 1 : Qu'est-ce que la mort ?

PROTECTIONS ET OUTILS DU MÉDIUM GUÉRISSEUR

Lui-même, son Guide et ses Esprits protecteurs

"Aide-toi, le Ciel t'aidera"
Maxime biblique

Le processus des soins énergétiques est principalement animé de la pensée du praticien, elle-même complémentée par la volonté de guérir. Le bénéfice du soin ne mène à rien ou à fort peu de résultats si le praticien lui-même n'a pas une ferme confiance en ses facultés. Sa foi en la possibilité d'apporter la guérison doit être plus fermement ancrée que ses connaissances de la pathologie et de ses effets. Le fluide est ainsi animé d'une force inébranlable évinçant le doute.

Sans pour autant s'astreindre à une vie monastique, le médium guérisseur sait que la qualité de son fluide et sa protection dépendent de son hygiène de vie. Il prend l'Amour comme base de vie et s'instaure une discipline tant physique que morale et spirituelle. Son alimentation doit être équilibrée et sans excès. Il est également aisé de comprendre que tout vice (comme l'alcool, le tabac ou les drogues) imprègne négativement son énergie. Tout mauvais penchant favorisant, de plus, l'approche d'Esprits inférieurs.

Outre l'étude et la pratique des phénomènes magnétiques, médiumniques et spirituels, il est conseillé d'étudier tout ce qui lui permet d'accompagner au mieux son patient ; nature des pathologies qui lui sont présentées, anatomie, médecine traditionnelle, psychologie, psychiatrie, etc. Le patient se sentira plus en confiance si le praticien entend sa problématique dans tous ses aspects et sait décrire précisément les actions/réactions du soin quant à sa pathologie. Mais ce qu'il doit étudier par dessus tout n'est autre que lui-même. Connais-toi toi-même, guéris-toi toi-même sont les maitres mots d'une faculté respectée. Le premier patient de tout médium guérisseur est donc lui-même, car les dangers auxquels il s'expose sont ceux auxquels s'expose tout médium[8]. Cette rénovation intime lui est d'autant plus nécessaire qu'elle est donc primordiale. Tout déséquilibre émotionnel ou physique est une faille dans laquelle ne manqueront jamais de s'immiscer les Esprits inférieurs. Le médium doit, de ce point de vue, être le plus robuste possible.

Cela dit, les dangers ultimes sont l'orgueil, la vanité, la recherche de renommée et tous ces vils écueils que la nature humaine peut arborer. Car bien que l'Amour soit le meilleur rempart face au négatif, le guérisseur ne doit pas pour autant s'estimer intouchable et exempt de toute amélioration personnelle. C'est là le premier axe de travail que tout médium doit mettre en place, afin de repousser les Esprits inférieurs qu'il dérange. Car toute intervention dérange l'environnement spirituel du patient, constitué parfois d'Esprits pouvant provoquer ou entretenir la pathologie. Repoussés, ils se retournent alors contre le médium qui les subirait tout autant s'il n'était pas déjà protégé par lui-même…

Outre son Guide qui veille sur lui et le protège (tout comme celui du patient d'ailleurs), il est, par affinité, assisté par des Esprits supérieurs, bienheureux de l'accompagner dans son

---

[8] Voir Tome 1, chapitre 3 : Dangers et protections

désir de faire le bien. Il en reçoit donc le fluide bénéfique, ayant une incidence capitale dans les effets du soin. Mais il en retire surtout la protection nécessaire à sa fonction. Les débutants se croient bien trop souvent exemptés de ces obligations et la nécessité de se protéger est d'ailleurs bien souvent occultée dans certaines formations (comme par exemple celles du Reiki). Prétextant travailler en canal et sous couvert de l'énergie universelle, divine, il est souvent dit que cela protège de fait. Ineptie. Ceci est une grossière et dangereuse erreur, car les soins dérangent inévitablement l'environnement spirituel du patient. Certes, cette force du bien peut éloigner les mauvais Esprits comme l'eau éloigne l'huile avec laquelle elle ne se mélange pas. Mais tous les Esprits en ont-ils peur ? Et une fois le praticien retourné à son quotidien, qu'en est-il ? Se croire ainsi protégé est déjà une faille dans la protection[9]. Quant à celui qui se considère infaillible, il l'est de fait. Avant chaque soin, une prière de protection est donc nécessaire afin d'attirer à soi les bons Esprits et d'écarter toutes mauvaises influences autour du patient. De même, en fin de soin, le médium prie son Guide d'écarter de lui les énergies négatives auxquelles il s'est exposé ainsi que tout éventuel Esprit inférieur.

Le praticien n'estime pas non plus être un super héros, un élu ou un prophète. Et s'il se vante de ses facultés, suscite l'éloge de sa personne, il n'est au service que de lui-même et non de la cause qu'il est censé représenter. Il se dirige par conséquent vers une chute inévitable. Il ne doit avoir ni l'orgueil ni la prétention de sa fonction, doit assumer ses propres limites, l'échec, la critique ou l'incrédulité. Il pratique donc dans l'unique but de soulager.

Vis-à-vis de celui qui le sollicite, il doit être autant à l'écoute que dans l'empathie, mais sans se laisser influencer ou troubler par sa problématique émotionnelle ou physique. L'affect

---

9 Voir Tome 1, chapitre 3 : Dangers et protections

pourrait alors amoindrir la qualité du fluide et ses effets ainsi que la protection nécessaire à la pratique. De plus, si son empathie le déborde, elle implique le fait que ressentant parfois dans ses chairs le mal de son patient, il puisse le « garder » une fois le soin terminé.

Vue spirituelle (voyance)

Il est très commun que le praticien ressente en son corps les sensations ou les stigmates de la douleur de ses patients. Mais c'est par la vue spirituelle[10,] plus développée chez lui, que le médium guérisseur voit ce que les yeux du corps ne lui permettent pas de voir. L'aura, les déséquilibres énergétiques qui s'y traduisent ou une vue des organes peuvent lui apparaître comme un cliché aux rayons X.

Cette faculté de voyance est inhérente à sa fonction et s'auto développe par la pratique. Par ce principe, comme par le biais de messages envoyés par son Guide ou celui du patient, le médium guérisseur est éclairé et assisté sur le diagnostic, averti de l'évolution de la maladie, de la direction que les soins devront suivre ainsi que des remèdes à apporter en fonction de la cause.

---

[10] Voir Tome 1 : Voyance ou vue spirituelle

La prière

"Demande et tu auras"

Maxime biblique

Demande et tu auras. Certes. Mais il ne suffit pas de demander pour avoir. Il faut aussi accepter l'idée que, comme un parent n'accorde pas à son enfant un droit ou un besoin contraire à son intérêt, il pourrait ne pas y avoir de réponse à une demande, encore moins à un caprice. N'oublions pas également de prendre cette autre maxime dans le bon ordre : " Aide-toi, le Ciel t'aidera". La prière ne remplace pas, par bon sens, ce que nos efforts doivent fournir.

La prière véritable est celle qui part du cœur. Intime et secrète, elle n'est pas adepte de la représentation. Comme le silence, elle est dénuée de la résonnance du verbe pour celui qui veut l'entendre, mais en aucun cas du cœur qui émet ce que le son ne porte pas. Peu importe les mots pourvu qu'ils soient sincères. Ce n'est pas la formulation en elle-même qui importe, mais bien le cœur qui accompagne ces mots, l'intention. Car répéter des séquences de phrases en pensant qu'elles se suffisent à elles-mêmes n'est pas prier, c'est réciter.

Chaque homme, par la prière, se met en rapport avec le monde spirituel, qui en retour lui insuffle les bonnes pensées, le soutient dans ses épreuves et lui donne la force morale de vaincre ses mauvais penchants. Cette aide, pour soi comme pour autrui, n'est jamais refusée lorsqu'elle est demandée avec sincérité et totale dévotion. Elle est une invocation de l'âme à laquelle tout le monde spirituel répond. Tout comme la méditation, elle concourt à une transformation mentale et physique. Par la prière, l'homme se fait face à lui-même, communie avec son âme. Il dévoile son égoïsme, son orgueil, rénove son sens moral. Ainsi, il progresse et, de l'intérieur, il s'apaise.

Dans le cadre de la médiumnité guérissante, elle est un pont, un relais, un appel du cœur et de l'âme permettant d'être en rapport avec le monde spirituel. Elle permet le concours et la protection des Esprits supérieurs et tout acte doit être précédé de cette invocation. C'est également par la prière que le médium guérisseur demande les bienfaits à destination de son patient. Et lorsqu'il prie, il n'exige pas, il soumet, mais sait qu'il sera entendu si tel est ce que son patient doit ou peut recevoir.

Pensée et volonté

"L'expression a des frontières, la pensée n'en a pas."
Victor Hugo

La pensée est aux Esprits ce que la main est à l'homme, c'est par la pensée qu'ils agissent. C'est également par la pensée que le médium guérisseur dirige les effets qu'il veut produire. Chaque pensée étant énergie[11], il pense ce qu'il veut produire pour que l'énergie transmise au patient soit chargée de l'effet souhaité.

La volonté joue un rôle important, car elle viendra, par l'intention, ancrer cette pensée, lui donnant une direction animée

---

[11] Voir Tome 1, chapitre 1 : Mécanisme de transmission de la prière/pensée

d'une foi déterminée et inébranlable. Cette foi viendra imposer une évidence à laquelle le patient s'abandonnera plus volontiers. Non par crainte ou obligation, mais parce qu'en quelque sorte, elle s'imprimera en lui.

De mauvaises intentions produiront donc de mauvaises émanations énergétiques, là où des pensées d'Amour et de bienveillance produiront des effets salutaires. Il en est de même pour le patient qui doit nourrir de bonnes pensées à l'égard du soin et de ses bienfaits. L'accueillir dans le doute c'est créer une énergie de doute, une sorte de rempart empêchant sa pleine efficacité. Il faut aussi l'inviter à surveiller ses pensées au quotidien, à les transformer dès lors qu'elles peuvent négativement impacter le corps.

La suggestion

"La suggestion est un conseil avisé
murmuré à l'oreille de l'âme."

Dans le cadre d'un soin, toute bonne parole prononcée a un impact réconfortant sur le patient. De même, les attitudes du praticien doivent être emplies de calme, de bienveillance et de maitrise de soi. Ainsi, le patient nourrit plus facilement la confiance dans le bon déroulement du soin et à l'apport bénéfique de ses effets. Les barrières mentales sont pour beaucoup dans l'échec des thérapies énergétiques et il convient alors de ne pas les laisser amoindrir les effets.

La suggestion inscrit l'idée de la guérison dans l'esprit du patient ainsi que tous les moyens pour y parvenir. Sorte de programmation neurolinguistique guidée, l'aidant à se mettre en réceptivité totale, le verbe devient alors énergie. Une énergie psychique qui vivifie l'énergie physique, ouvrant le champ des possibles. Cela ne doit laisser aucun doute sur la certitude de celui qui suggère. Mais suggérer n'est pas imposer, c'est un conseil avisé murmuré à l'oreille de l'âme. C'est créer, développer, renforcer l'état d'esprit du patient lorsque son mal prend le pas sur sa volonté. C'est éveiller en son inconscient de bonnes dispositions. La pensée positive et bienveillante alors véhiculée porte en elle l'énergie correspondante. Parfois elle agira spontanément, parfois plus lentement comme un petit coup de pouce répété qui prendra l'ascendant sur les défenses internes.

CHAPITRE 3

55

LA PRATIQUE

"Les maux du corps sont les maux de l'âme.
Ainsi on ne doit pas chercher à guérir le corps sans
chercher à guérir l'âme."

Platon

LES PROCÉDÉS MAGNÉTIQUES

La polarité humaine

L'étude du magnétisme démontre que le corps humain, comme l'aimant, est polarisé :

- Positif : le côté droit du corps, le front et la ligne médiane de la poitrine et du ventre
- Négatif : le côté gauche, la nuque et la colonne vertébrale

Seule exception, les gauchers ont une polarité latéralement inversée (main gauche positive et main droite négative).

Mis en contact dit isonome, les pôles de même polarité provoquent de l'excitation, de l'échauffement, de la vigueur. Les pôles de polarité contraire, contact dit hétéronome, calment et décongestionnent. Même si tous les magnétiseurs n'admettent pas ce principe par le fait que la pensée donne au fluide l'effet recherché, chacun devra néanmoins veiller à l'effet qu'il provoque et à respecter ces polarités le cas échéant.

Les passes

C'est principalement par les mains que s'extériorise le fluide magnétique du magnétiseur. Ce procédé porte le nom de « passes ».

C'est par la pensée et la volonté que le praticien imprime son fluide de l'action qu'il souhaite réaliser. La durée d'application des passes ne peut être définie comme fixe, car elle dépend des besoins de chacun.

Les passes sont dites longitudinales (allant dans le sens de la longueur du corps) ou transversales (dans le sens de la largeur) et ont principalement quatre effets :

- Charger : alimenter le corps ou la zone ciblée en énergie comme on rechargerait une batterie
- Dégager : entraîner, enlever l'énergie négative de la zone ciblée comme on passerait l'aspirateur sur un tapis
- Fixer : diriger l'énergie en profondeur avec les doigts en pointe
- Disperser : décongestionner, répartir, éliminer les excès d'énergie

Les passes longitudinales s'effectuent dans le sens de la longueur du corps. Les mains sont ouvertes, parallèles au corps et généralement positionnées entre 10 à 20 centimètres du corps. Exécutées avec une grande lenteur elles sont dites saturantes, effectuées plus rapidement elles sont stimulantes. Elles ont pour effet de déplacer et redistribuer l'énergie, comme si on voulait l'étaler. Lorsque les mains arrivent en fin de mouvement, elles doivent être fermées comme pour retenir le fluide puis remontées sur le côté du corps. Ainsi éloignées lorsqu'on revient au début de la zone ciblée, on ne contrarie pas la passe précédente. Le patient ressent généralement un courant frais qui suit alors le trajet des mains du praticien.

Les passes transversales s'exécutent dans le sens de la largeur du corps. D'un mouvement rapide, également entre 10 à 20 centimètres du patient, les mains bougent comme un essuie-glace sur le pare-brise. Elles ont un effet dispersif qui dégage, décongestionne et calme. Elles permettent de clarifier, désengorger la zone ciblée pour en extraire les fluides nocifs.

Imposition et apposition des mains

L'imposition et l'apposition ont pour but de canaliser l'énergie vers un organe ou une région du corps spécifique.

Pour l'imposition, la paume de la main (imposition dite palmaire) ou l'extrémité des doigts (imposition dite digitale) est présentée face à la zone ciblée. Plus elle est près du corps, plus l'effet est stimulant. Plus elle est éloignée, plus cela calme. En tournant la main dans le sens des aiguilles d'une montre au-dessus de la zone ciblée (imposition dite circulaire), son effet est plus vivifiant, plus profond.

L'apposition, elle, consiste à poser la main bien à plat sur la zone ciblée, plus ou moins longtemps selon l'action à produire. Selon la polarité exercée, elle est apaisante ou revitalisante.

Pour renforcer l'efficacité, il est possible de travailler en opposition, c'est-à-dire mettre une main de chaque côté du corps, les paumes bien face à face, comme pour encercler la zone ciblée.

Effleurages, frictions

L'effleurage consiste à frôler la zone ciblée. La main, posée bien à plat sur la partie du corps concernée, glisse tout en restant bien en contact afin de détacher et entrainer le fluide nocif.

Une légère pression, sorte de massage, peut également être exercée, c'est alors une friction.

Le regard, le jet fluidique et le souffle

Le regard a deux actions : il accompagne le patient de la bienveillance qui s'en dégage et fixe la volonté du praticien sur l'action en cours.

Le jet fluidique consiste à projeter le fluide avec les doigts, lancés en direction des zones du corps, comme lorsqu'on souhaite éclabousser quelqu'un avant de s'essuyer les mains que l'on vient de laver.

De la même manière, le souffle projette le fluide. Le souffle chaud est positif, excitant et se fait soit à distance, soit au contact. Le souffle froid est négatif, calmant, dégageant et se fait toujours à distance.

Les objets magnétisés

Tous les corps ne conservent pas le fluide magnétique et ceux qui l'absorbent s'en imprègnent à des degrés très divers. L'eau et le coton sont parmi les plus absorbants. L'eau ciblera par exemple le tube digestif, alors que le coton pourra être appliqué en compresse ou en pansement. En complément d'un soin en direct, ces objets permettent d'en accompagner les effets.

Pour magnétiser un objet, il suffit de le tenir dans ses mains pendant quelques minutes. C'est, là encore, par la pensée et la volonté que le fluide imprègne cet objet de l'effet recherché.

Sommeil magnétique

L'un des effets les plus couramment ressentis pendant un

soin est une sorte d'engourdissement, l'impression d'être dans une bulle de coton délicate, apaisante et de laquelle découle un sentiment d'ivresse psychique. Le patient devient alors beaucoup plus réceptif aux suggestions du praticien. Mais selon sa sensibilité, cette légère somnolence peut aller jusqu'à l'endormissement. Cet état ne se produit spontanément que s'il est utile au processus de guérison et ne doit pas être spécifiquement provoqué. Le réveil se produira de lui-même.

Poussé un peu plus, ce phénomène déclenche l'émancipation de l'âme[12,] ce que les premiers magnétiseurs appelaient somnambulisme ou extase. Ainsi dégagé, dans une sorte d'hypnose magnétique, le patient est rendu plus lucide quant à sa pathologie, ses causes et peut même délivrer de précieux conseils quant à la cure nécessaire.

LES SOINS

Hormis les schizophrènes[13] qui pourraient décompenser[14,] les soins énergétiques sont à destination des adultes, enfants et nourrissons. Nos amis les animaux peuvent eux aussi recevoir les bienfaits d'un soin.

Ils ne contrarient en rien les traitements suivis en parallèle et favorisent même leurs effets. Ils s'adaptent à la constitution et aux besoins de chacun, l'énergie ayant de ce point de vue un

---

[12] Voir Tome 1, chapitre 1 : Emancipation de l'âme

[13] Voir Tome 1, chapitre 3 : Schizophrénie et psychose maniacodépressive

[14] La décompensation est la rupture de l'équilibre psychique se caractérisant par la libération soudaine des troubles de la pathologie, pouvant mettre le sujet en danger, ou présenter un danger pour l'extérieur.

principe adaptatif, autonome et intelligent. À ce titre, une femme enceinte peut tout à fait recevoir un soin, quel qu'il soit. L'enfant qu'elle porte ne sera négativement impacté en rien et recevra tous les bénéfices que le soin aura prodigué à sa maman.

Nettoyage/Ré-équilibrage

"Mieux vaut prévenir que guérir."
Proverbe français

Le nettoyage/ré-équilibrage a pour but de rétablir l'équilibre énergétique en dynamisant l'énergie vitale. Ce soin agit tant sur le physique que sur le mental, libère les trop-pleins, harmonise les ressources, procure un bien-être général et une sensation effective de paix intérieure.

Le principe, pour prendre une image, s'apparente à la vidange de l'huile moteur d'une voiture. Que l'on ait une Twingo ou une Ferrari, la vidange régulière est nécessaire et ne dépend pas de la qualité de la mécanique, mais de la simple utilisation du véhicule. Le corps humain, bien qu'il soit une des plus belles mécaniques de la Nature, s'inscrit dans ce principe, les aléas du quotidien puisant et encrassant cette énergie vitale à sa source. Ce soin peut donc être effectué régulièrement afin de favoriser un équilibre énergétique constant.

Son processus se résume en 4 parties :
1. Contact
2. Charge

3. Nettoyage/ré-équilibrage des chakras (en
    insistant sur le plexus solaire)
4. Lissage de l'aura

Comme tout soin, il débute par une prise de contact afin
que le rapport énergétique s'établisse entre celui qui donne et
celui qui reçoit. Plusieurs méthodes sont possibles. Si le patient
est allongé, apposer une main sur chaque pied, le pouce au creux
de la voûte plantaire, les doigts sur le dessus. S'il est assis, se
positionner derrière lui et poser les mains sur ses épaules. Il
commence ici à ressentir l'énergie se véhiculer en lui, une douce
chaleur l'envahir et, s'il est bien réceptif, un relâchement général
s'installer petit à petit.

Une fois le contact établi, la seconde étape consiste à
charger le corps en énergie, des pieds à la tête. Le patient est alors
allongé sur le dos. Le procédé consiste à déverser ce fluide
comme un robinet déverserait de l'eau. Zone corporelle par zone
corporelle, l'énergie circule ainsi dans tout le corps, chargeant,
purifiant et favorisant le flux énergétique.

Généralement, le gaucher diffuse l'énergie de la main
gauche et le droitier de la main droite, l'autre main servant en
quelque sorte à attirer l'énergie, comme un aimant. Partant de ce
principe, le praticien se positionnera vis-à-vis du patient en
fonction :

- Le gaucher sera sur la gauche du corps, les
  pieds du patient sur sa gauche et la tête sur sa
  droite. Il commencera par poser sa main gauche
  sur la plante du pied gauche et la main droite
  sur la cheville gauche.
- Le droitier sera sur la droite du corps, les pieds
  du patient sur sa droite et la tête du sa gauche. Il
  commencera par poser sa main droite sur la
  plante du pied gauche et la main gauche sur la
  cheville gauche.

L'énergie sera donc diffusée des pieds à la tête, par zone, comme suit, les mains en contact direct avec chaque zone corporelle puis de 5 à 10 centimètres au-dessus de chaque chakra :

1. jambe gauche : plante du pied/cheville
2. jambe gauche : cheville/genou
3. jambe gauche : genou/mi-cuisse
4. jambe gauche : mi-cuisse/chakra racine.
5. jambe droite : plante du pied/cheville
6. jambe droite : cheville/genou
7. jambe droite : genou/mi-cuisse
8. jambe droite : mi-cuisse/chakra racine.
9. chakra racine/chakra sacré
10. chakra sacré/chakra solaire
11. chakra solaire/chakra cœur
12. chakra Cœur/chakra gorge
13. chakra gorge/chakra front
14. chakra front/chakra couronne

Puis, le patient allongé sur le ventre, procéder de la même manière :

1. lombaires/mi-dos
2. mi-dos/nuque

Enfin, lire[15] et revitaliser chaque chakra individuellement, en commençant par le chakra racine. L'idée maîtresse étant surtout de ne jamais imprimer au chakra un mouvement inverse au sens des aiguilles d'une montre. L'action dépend ensuite du besoin.

Pour nettoyer un chakra :
- imposition en s'éloignant du chakra et mentalisant une attraction/aspiration, puis

---

[15] Voir Chapitre 1 Constitution de l'être humain - Les chakras - Lecture

refermer la main en s'écartant sur le côté du corps et jeter l'énergie récupérée comme on se secoue les mains après se les être lavées

Pour réguler sa vitesse de rotation, deux possibilités :
- imposition palmaire circulaire en imprimant la vitesse souhaitée par le mouvement de la main
- imposition palmaire à quelques centimètres et induire la rotation nécessaire par la pensée

Le chakra du plexus solaire et toute la zone ventrale sont à travailler avec une attention toute particulière[16]. Des impositions dispersives (mouvement d'essuie-glace) permettent de clarifier, de désengorger la zone. Puis des appositions sur foie, rate, intestins, estomac et pancréas viennent nettoyer chacun de ces organes. Enfin, rétablir la balance énergétique de ce chakra.

Pour terminer, il convient d'effectuer un lissage de l'aura. Cela permet de renforcer la qualité énergétique découlant de cette enveloppe protectrice et de la désencombrer de flux énergétiques négatifs, comme lorsqu'on dépoussière un meuble. Selon les capacités de chaque praticien, l'un voit cette enveloppe fluidique, l'autre la ressentira en ayant l'impression de palper une couche subtile, comme une bulle d'air. La distance entre le corps physique et cette couche aurique varie selon les personnes. Le geste s'effectue de la tête vers les pieds, les mains l'une devant l'autre, bien parallèle au corps, les paumes en imposition. Il faut ici agir comme pour lisser une surface. Le mouvement sera répété environ trois fois, sans repasser au-dessus du corps pour revenir à la position de départ. En fin de mouvement, les mains sont secouées pour se débarrasser de l'énergie évacuée, puis fermées avant de revenir à la position de départ pour recommencer la passe.

---

16 Voir Chapitre 1 Constitution de l'être humain - Les chakras

Soins du corps

Le soin du corps a pour but de calmer les effets et d'éradiquer la cause d'un mal ou d'une maladie. Comme tout soin, il débute par la prise de contact et se poursuit par un nettoyage/ré-équilibrage, ce dernier suffisant bien souvent à enrayer la maladie.

Sauf si le patient vient pour un besoin spécifique et défini, le praticien cherche l'endroit du corps nécessitant son action. Outre son ressenti et les messages de son Guide, il utilise sa main la plus sensible qui agit alors comme une sorte de radar. En la passant à moins de 5 centimètres du corps, la zone ou l'organe à travailler se fait généralement ressentir en imprimant une sorte de picotement, de chatouillis dans le creux de la main, ou l'impression que l'énergie se diffuse d'elle-même pour alimenter l'endroit. Dans tous les cas, il convient d'aller là où le corps le demande, quel que soit le rapport entre les symptômes décrits par le patient et l'action à mener.

Une connaissance purement médicale de la pathologie et de l'anatomie du corps humain aident évidemment à définir les fonctions et organes à travailler (l'énergie devant pour certains, comme par exemple les intestins, être diffusée dans leurs sens de fonctionnement). À chaque pathologie, des passes spécifiques peuvent être effectuées et il serait bien difficile de les énumérer toutes. Avec l'expérience, le praticien saura d'instinct quelles actions mener et leurs durées d'exécution. Il les reproduira alors, mais devra rester ouvert à toute autre action à accomplir pour des cas identiques.

Dans le principe, l'organe, la fonction ou la zone nécessiteuse doit être soulagé puis chargé afin d'être stimulé. Les passes utilisées correspondent donc à l'action demandée par la problématique. En voici quelques exemples :

Symptômes	Exemples de pathologie	Actions
Douleur	Rhumatisme, douleur musculaire et articulaire, entorse, fracture tendinite, arthrose, arthrite, sciatique, mal de tête, migraine	– Passes transversales dispersives et impositions circulaires pour dégager. – Passes longitudinales pour stimuler. – Impositions et/ou apposition isonomes pour charger. – Apposition de la main qui charge sur le haut du membre et imposition de l'autre sur le bas (comme pour attirer l'énergie d'une main à l'autre).
Trouble fonctionnel	Cardiaque, circulatoire, respiratoire, digestif	– Passes transversales dispersives, impositions circulaires et hétéronomes pour dégager et calmer. – Passe longitudinale rapide, effleurage pour stimuler. – Appositions pour charger.
Maladie de peau	Eczéma, zona, herpès	– Passes transversales dispersives sur toute la zone ventrale. – Imposition et apposition des mains sur les plaques (ou apposition du pouce sur les boutons). – Apposition palmaire sur l'estomac, le foie, la rate et le pancréas. – Apposition palmaire sur les ganglions poplités.
Brûlure		– Passes transversales dispersives, impositions circulaires et hétéronomes pour dégager et calmer.

Cela dit, bon nombre de problématiques physiques trouvent leurs sources dans le psychique ou l'émotionnel. C'est donc sur cet axe de travail que le soin doit alors être dirigé[17]. En effet, des problématiques fonctionnelles peuvent être liées à un évènement précis ayant créé un conditionnement réactionnel dont le corps devient le réceptacle. Une douleur articulaire au niveau des omoplates et résonnant sur le haut de la chaine articulaire est souvent liée à une charge émotionnelle trop forte. Le chakra du cœur surchargé venant ici provoquer un phénomène d'étau au niveau de la cage thoracique. Des pathologies plus lourdes comme la fibromyalgie trouvent en partie leurs sources dans la constitution psychique de la petite enfance. Etc. Le but principal étant d'éradiquer la cause, c'est bien souvent sur le lien corps-esprit que repose donc la finalité de la thérapie.

Soin de l'esprit

Le soin de l'esprit est un soin favorisant le plein épanouissement psychique. Sorte de psychanalyse énergétique, il a pour but la résolution de problématiques d'ordre psychologique. Son principe ne réside pas dans le contournement par la superposition d'imagerie comportementale. Il s'agit ici de déclencher la prise de conscience en neutralisant les mécanismes de défense de l'inconscient, afin de modifier les réactions comportementales induites.

La petite enfance et l'enfance sont bien souvent les bases sur lesquelles repose un soin de l'esprit. En effet, en dehors de déclencheurs exceptionnels vécus à tout âge et pouvant faire l'objet d'un soin, ces périodes sont le berceau de bon nombre de problématiques. Non-estime de soi, insécurité émotionnelle, complexe d'infériorité, mise en échec, besoin permanent de

---

[17] Voir plus haut : Le mal a dit

reconnaissance, dépendance affective, etc., nombreux sont les axes de travail possibles.

Les mécanismes psychiques en jeu

Selon la théorie freudienne, l'inconscient est un niveau psychique constitué des besoins, tendances et souvenirs qui ont été refoulés par suite de leur caractère anxiogène ou moralement inacceptable. Pour en expliquer la formation, Freud fait l'hypothèse d'un refoulement initial, créant un premier noyau inconscient fonctionnant ensuite comme un aimant d'éléments à refouler. L'inconscient désigne donc ce qui échappe à la conscience par l'action du refoulement.

Le refoulement est un mécanisme de défense de l'inconscient qui gère le rejet de tout élément pénible à vivre pour le Moi. Il s'affaire à le préserver de la souffrance qui l'a créé, en empêchant son contenu d'accéder au conscient. Autrement dit, il s'oppose à la prise de conscience. Pourtant, là est tout le paradoxe : cette protection, bien qu'active, laisse libre cours aux comportements induits par la source qu'elle nous masque. De plus l'action systématique de ce mécanisme est telle qu'il nous apparait impossible, voire même inutile, de le combattre. La dépense énergétique que le refoulement demande est donc intense, tant le compromis entre l'état provoqué et l'envie de le dépasser est permanent.

Du refoulement découle la résistance qui est un phénomène psychologique persistant, difficile à modifier et qui entrave l'accès à l'inconscient. Déjouant la pensée rationnelle, elle rend impalpable l'existence même du refoulement. En séance de thérapie, elle nous fait nous taire, parler d'un autre événement, nous fixer sur un autre détail ou un autre état émotionnel. De fait, plus on se rapproche de ce souvenir pathogène à l'origine du symptôme, plus elle devient importante et en gène le rappel et la compréhension. Elle est cependant un indicateur démontrant bien qu'il y a là un conflit intérieur à résoudre.

Tout l'enjeu de la thérapie consiste donc à aller chercher, réveiller l'émotion source. Et pour avancer, il faut faire face à l'arsenal de défense de l'inconscient. Le déjouer est toute la difficulté, car en véritable censeur, l'inconscient n'entend évidemment pas faillir à sa tache originelle ; masquer la source. Ici, la résistance n'est pas à combattre en conscience, mais dans l'émotionnel, laisser ressurgir ce que l'on a ressenti. Plus on veut l'attaquer de front, plus elle s'active. C'est donc petit à petit, en remontant le fil du vécu que les émotions se révèlent et sont alors exprimées. Le Moi accepte de voir ce qui s'est mis en place, puis comprend pourquoi cela s'est mis en place. Ainsi la levée du refoulement s'opère et la prise de conscience s'établit.

Exemple de soin : l'enfant intérieur, ce petit « nous » qui ne s'estime pas

1/ Ce qui se joue chez l'enfant

L'enfant, pour grandir dans l'estime de soi, établir sa confiance en lui et sa sérénité psychique, a besoin que son être soit nourri. Et c'est l'amour que ses parents lui démontrent, qu'il ressent à son égard (qu'il interprète la plupart du temps voire qu'il fantasme) qui apportera cette « nourriture ». Les « je t'aime », « je suis fier de toi », « comme tu es doué », « tu vas y arriver », « oh comme tu dessines bien », etc., seront autant de démonstrations et de retours sur ce qu'il est et qu'il ira chercher dans ce miroir parental pour se construire. Se sentant entendu, pris en compte, reconnu et accepté dans son être, l'enfant grandit alors dans l'estime de lui. À l'inverse, des parents négatifs, violents, toxiques ou castrateurs, nourrissant l'enfant de « tu es un bon rien », « tu ne vaux rien » et toutes les méchancetés que l'on peut imaginer dans ce cas, ne donneront pas à l'enfant de quoi installer cet équilibre primordial.

L'enfant pense que si ses propres parents ne lui « donnent » pas, c'est qu'il n'est pas digne de « recevoir ». Que s'ils ne nourrissent pas son être, c'est que son être n'est pas digne d'être nourri. Que s'ils ne prennent pas son être en considération, c'est qu'il n'a pas le droit d'être ce qu'il est. Et comme il ne peut intellectuellement interpréter et comprendre ce qu'il se passe concrètement, l'enfant se sent toujours responsable de ce vide renvoyé par ses parents. Il se trompe, bien sûr, mais rapportera cela à sa propre personne : ce que je suis est la cause, je ne peux donc pas être ce que je suis. L'abandon, ou un parent perçu comme non disponible, sera interprété par l'enfant comme une non-envie d'être auprès de lui : mon être n'est pas assez intéressant ou aimable pour que Maman ou Papa ait envie d'être avec moi.

Dans tous ces exemples, le développement du « je » est alors freiné, empêché par ce que l'enfant cherche à être pour compenser, pour plaire, pour ne pas déranger ou pour donner envie à ses parents de nourrir son être. De fait, il n'est pas lui, mais ce qu'il pense devoir être.

À l'inverse de ce trop peu, le « trop protégé » imprime chez l'enfant la même problématique. Ce trop couvé fait alors penser à l'enfant qu'il est incapable de se gérer en toute autonomie. Quant à la pression de la réussite, l'enfant, dans la peur de l'échec, intégrant l'idée qu'il n'a pas le droit d'échouer, pense devoir réussir à tout prix pour ne pas décevoir ou détruire le rêve de ses parents le souhaitant médecin plutôt qu'infirmier. Il peut, de plus, craindre de perdre l'amour de ses parents s'il n'excelle pas. Là encore, être lui ne prend aucun sens puisqu'il doit être ce qu'on attend de lui.

Tout soin de l'esprit se déroule comme une simple conversation, mêlée d'actions sur les chakras. Le sujet est amené par le patient ou défini par le ressenti du praticien.

Afin de contourner la résistance, le praticien dirige le soin comme un chef d'orchestre afin de ne pas laisser le patient intellectualiser le processus en cours. Au début du soin, il est amené à parler de son vécu. L'émotionnel s'agite, l'inconscient se défend et la résistance s'active. Petit à petit, les émotions sont guidées de l'inconscient vers le conscient, du ressenti vers le verbal. L'émotion de l'enfant (dans ce cas précis, ou du patient à l'âge où il a vécu l'évènement source dans d'autres cas) s'exprime alors dans le corps de l'adulte et les premiers ressentis physiques se font ressentir (gorge nouée, poids sur le thorax, angoisse, etc.). L'influx énergétique sur les 3ème, 4ème et 5ème chakras facilitant le lâcher-prise est donc ici important.

Le praticien explique ensuite au patient ce qui s'est alors joué, l'incidence sur l'émotionnel et les réactions en découlant.

À ce stade du soin, un exercice de visualisation[18] amenant le patient à se voir « en pensée » lorsqu'il était enfant, permet de prendre contact avec cet enfant intérieur en souffrance. Certains ont un visuel, d'autres une seule impression de présence, d'autres encore se le représentent sous la forme d'une couleur. C'est à ce stade que la résistance se fait la plus vive. L'émotion source en instance de libération, se retrouve comme un animal chassé de son terrier par un prédateur qui, il le sait, aura le dessus. Le patient mesure alors le vrai poids induit par cette souffrance et la nécessité de l'affronter pour son mieux-être. Ainsi, semblant soudain se dévoiler à lui, il entrevoit ce que la libération de cette émotion source va procurer.

---

[18] Pour des cas autres que ceux liés à l'enfance, le patient se visualisera à la période de l'évènement concerné

Une fois le contact établi, l'adulte qu'il est dialogue avec l'enfant qu'il était. Il le rassure, lui assure son amour (se l'assure donc à lui-même), rationalise ses ressentis, les légitime. L'échange, guidé par le praticien, suit cette trame :

S'adressant à l'enfant, le patient lui dit :

1. Je t'aime et je te comprends.
2. Je suis là pour te parler, te faire du bien.
3. Car je sais que tu as souffert et que tu souffres encore.
4. Je connais bien ta souffrance, car c'est aussi la mienne.
5. Tu as le droit de ressentir ce que tu ressens et il est normal que tu le ressentes (tristesse, colère, abandon, rejet, etc.).
6. N'importe qui aurait vécu cela ressentirait la même chose.
7. Moi l'adulte, je suis fier de toi et je ne t'en veux pas.
8. Tu n'as pas non plus à t'en vouloir, car tout cela n'est pas de ta faute. Car tu n'as pas choisi ce vécu, tu l'as subi.
9. Rien de toi n'a provoqué cela. Cette souffrance tu la dois au comportement de tes parents.
10. Tu souffres parce qu'ils n'ont pas dit ou pas été (explication du vécu).
11. Mais ça n'est pas parce que (exemple : ils ne t'ont pas dit je t'aime qu'ils ne t'aimaient pas)
12. Cela t'as fait grandir dans l'idée que (exemple : tu n'étais pas digne d'être aimé), mais tu te trompes.
13. Tu as peut-être aussi grandi dans l'idée que tu n'avais pas le droit d'être reconnu et pris en compte pour ce que tu étais, mais là aussi tu te trompes.

Puis, par le même procédé, inviter le patient à visualiser ses parents, l'un après l'autre. Il doit alors leur parler, leur dire tout ce qu'il ressent à l'égard de ce vécu. En d'autres termes, vider son sac. Une fois ceci effectué, lui faire dire qu'il leur pardonne. Une fois ce dialogue effectué, l'image visualisée s'éloigne. Si tel n'est pas le cas, le patient n'a alors pas tout verbalisé et il faut donc l'inviter à le faire.

Revenir ensuite à l'enfant. À cet instant du soin, l'enfant initialement triste est visualisé souriant. Le passage de l'image du début à cette image de fin montre que l'enfant intérieur a été libéré de sa souffrance.

Clôturer le dialogue comme suit :

14. Tu sais maintenant que tu as le droit d'être ce que tu es, d'être pris en compte et aimé pour ce que tu es.
15. Rien ni personne ne pourra jamais t'enlever cela.
16. Sache que tu ne seras jamais seul, car je serai toujours là pour toi, comme tu seras toujours là pour moi.

Enfin, pour clôturer le processus, le patient est invité à convier l'enfant visualisé à venir se blottir contre lui. Cette étreinte symbolise l'estime de soi, car en prenant l'enfant dans ses bras, c'est lui que le patient prend dans ses bras, c'est lui-même qu'il chérit. En parallèle, s'installe ici la sécurité émotionnelle, permettant à l'adulte de ne plus ressentir une part manquante puisque la complétude se met en place.

Par ce dialogue, cède donc la résistance, l'inconscient rejette l'émotion refoulée et en abat les défenses. Une délivrance morale accompagne instantanément cet état, les pressions se relâchent, le corps se libère et les sens sont apaisés. La prise de conscience ainsi faite, la source est consciemment identifiée, acceptée et s'inscrit dans le vécu parmi la multitude de faits et émotions qui y résident. Le patient peut alors retracer l'événement source et sentir que les émotions liées ne sont plus du tout les mêmes. Le moteur n'est plus, l'angoisse a disparu, le poids moral ne pèse plus sur l'affect. Ce nouvel état ne signifie pas qu'il soit devenu quelqu'un d'autre ou qu'il adopte une attitude opposée (bien que ce puisse être un passage), mais permet de réévaluer ses représentations et comportements. Bien souvent, ces transformations sont silencieuses. Il constatera alors qu'il n'est plus sous le joug des comportements et ressentis induits par la source et que ces derniers ne sont plus « plus forts que lui ».

Cela dit, une autre résistance peut se faire ressentir dans les premiers jours : la résistance au changement et la modification du système de pensées[19]. En effet, ces habitudes de fonctionnement remplissent un rôle protecteur, sécurisant et s'en séparer implique un deuil délicat. L'énergie déployée à combattre les forces psychiques mises en jeu par le refoulement et la résistance doivent maintenant être déléguées au service de cette modification. Le suivi post soin joue là un rôle important et permet d'accompagner le patient dans la mise à jour de ce système. Sorte de rééducation émotionnelle, cela permet de faire remarquer des changements de comportement, d'impact ou de réaction que, par habitude, il pourrait ne pas déceler, comprendre voire mettre en place.

Nécessitant l'échange verbal, ce soin ne peut être pratiqué sur photo.

---

19 Un système de pensée regroupe toutes les croyances sur la vie, les conclusions issues de l'expérience, la manière d'appréhender le quotidien, les réactions face à tel ou tel évènement, etc.

Soins de l'âme

Problématiques karmiques

"On peut guérir les maladies, mais non point le destin."
Proverbe chinois

Les problématiques dites karmiques résultent de nos vies antérieures.

Ces incidences ne sont portées à connaissance que si cela est utile au mieux-être du patient et surtout si cela est permis. Ainsi, l'action du médium guérisseur ne supplantera jamais les desseins de la Providence. Certaines de ces problématiques peuvent donc être résolues, d'autres non. Il est cela dit possible de soigner une phobie ou un blocage quelconque s'ils sont la réminiscence d'une vie antérieure, comme une peur de l'eau suite à une noyade, une faculté quelconque qui aurait été réprimée. Mais elles peuvent être une épreuve que l'Esprit a choisie avant de s'incarner ou qui lui est imposée[20]. Il est de fait rendu impossible d'aller à l'encontre de ce choix et d'amener la guérison. L'action se bornera ici à soulager les souffrances et revigorer la force morale pour endurer l'épreuve.

Pour ce soin spécifique, le Guide du patient sera sollicité par la prière afin de permettre cet accès particulier. Son assistance, associée à la vive suggestion du praticien, permettra d'insuffler à l'âme l'intention et la permission de se libérer. Le procédé mis en place s'adresse, en quelque sorte, tant au patient

---

[20] Voir Tome 1, chapitre 4 : Réincarnation : loi de justice et de progrès

qu'à l'Esprit incarné. Afin qu'il puisse « visualiser » cette vie antérieure, le patient est ici mené dans un état qui peut s'apparenter au sommeil magnétique. L'évènement en cause est retracé et permet de laisser ressurgir les émotions qui y sont rattachées. Apaisé par la conscience et la compréhension de la source du blocage, l'âme s'en libère et le patient n'en subit donc plus l'incidence.

Sur photo c'est donc par la prière et la suggestion que le processus se déroule.

Passage d'âme

"La douce paix de l'âme est le bonheur suprême."
Proverbe français

Le passage d'âme s'effectue pour les Esprits qui, dans l'errance[21], restent attachés au plan terrestre des incarnés et ne savent pas comment, ne peuvent pas ou ne veulent pas poursuivre leur chemin. Un médium dont les facultés lui permettent d'agir en ce sens, aidera ou forcera l'Esprit à parcourir la route restante vers le monde spirituel.

Le cas le plus courant est celui de l'Esprit voulant délivrer un message avant de « partir ». Il y a ceux qui restent attachés à un lieu ou à une personne. Parfois c'est d'ailleurs cette même personne qui imprime cet attachement par un deuil difficile à faire pour elle. D'autres, comme par exemple dans le cas d'une mort soudaine n'ayant pas progressivement amené l'âme à se

---

[21] Voir Tome 1, chapitre 1, Qu'est-ce que la mort ?

détacher du corps, sont ignorants de ce nouveau statut. En d'autres termes, ils ne savent pas qu'ils sont morts. Certains ne « saisissent » pas qu'ils doivent poursuivre ce chemin vers la Lumière et pensent que tout s'arrête à ce stade. Enfin, de par la conscience qu'ils prennent de leurs mauvaises actions, d'autres redoutent la sentence et restent figés dans l'errance.

Dans tous les cas, l'Esprit n'est pas « à sa place ». Cet état sera alors porteur de mauvaises énergies ou de troubles dans l'interaction qu'il génère avec les incarnés. Mais avant d'agir, le médium guérisseur doit s'enquérir de la nécessité et de l'autorisation d'apporter son aide. Certains Esprits doivent vivre cet état à titre d'épreuve ou pour les mener à une prise de conscience de laquelle découlera leur évolution. Le suicidé, l'assassin ou le violeur par exemple doivent être assujettis à cette mauvaise conscience dont ils prennent acte dans l'errance. Il est nécessaire qu'ils pensent devoir rester ainsi de toute éternité, afin d'être forcés au repentir.

Si l'aide du médium guérisseur est autorisée, il peut agir soit en contact direct soit par la prière. Il faut ici inviter l'Esprit à partager ce qu'il ressent, le ramener à la raison en le rassurant sur ce qui l'attend et les bienfaits qui en découlent. Là encore, la volonté de progresser ou non sera laissée à son bon vouloir. Mais les bonnes pensées à l'égard d'un Esprit agissent comme une douce impulsion, une enveloppante compassion incitant à aller de l'avant. Il la reçoit toujours, ou pour un Esprit dur au repentir, quand ce bienfait lui sera octroyé.

Soin des lieux

Ce que nous sommes, ce qui nous anime, nos pensées, nos émotions se transcrivent dans notre aura. De cette transcription découle un flux énergétique que nous « dégageons », sorte d'information/état que l'autre peut ressentir et qui s'imprime là où elle est délivrée. De fait, selon leur vécu, leur histoire et les évènements dont ils ont été les théâtres, certains endroits ont une énergie vibratoire excellente. D'autres, à l'inverse, véhiculent une atmosphère lourde et communément qualifiée de chargée. À ceci s'ajoute l'éventuelle présence d'esprit. Le soin d'un lieu a donc pour but de réharmoniser les énergies liées à son vécu, de le recharger d'une énergie positive et favorable au nouveau et, le cas échéant, de le libérer des Esprits présents.

Ce soin peut être effectué sur place comme sur photo. S'il est effectué sur place, certains se positionnent dans la pièce qu'ils sentent la plus chargée (le ressenti se faisant comme pour une personne) ou passent de pièce en pièce, les « inondant » chacune de fluide extériorisé par les mains ouvertes comme une imposition. Selon leur capacité, leur simple présence suffit pour que le soin soit réalisé et que l'endroit soit épuré de toutes énergies négatives. Cette même présence, couplée à la prière, éloignera également les Esprits présents comme lors d'un passage d'âme. S'il est effectué sur photo, le principe est sensiblement identique ; par la pensée, le praticien envoie l'énergie salutaire vers le lieu sur lequel il se concentre et prie pour demander la libération des énergies négatives et/ou des Esprits présents.

Soin des animaux

Comme tout être organique, les animaux sont animés eux aussi de l'énergie vitale, résultant de l'énergie universelle et régie par leurs centres énergétiques. À anatomie différente, les ressentis du praticien se font cependant de la même manière que pour l'être humain. Bien évidemment, la perception et les informations reçues de son Guide sont adaptées à l'animal concerné.

Le principe et les gestes du soin sont les mêmes que pour leurs maîtres. Toutefois, les effets du soin portent ici leurs fruits plus rapidement voire parfois, instantanément. Cette différence réside dans le fait qu'un animal n'oppose aucune restriction mentale ou idéologique quant à l'énergie. Il la sait bénéfique et faisant partie intégrante de sa constitution. Il la reçoit donc aussi simplement que de l'eau lorsqu'il a soif, car, d'instinct, il ne fait jamais d'erreur en ce qui concerne sa santé.

En soin direct, l'animal vient sentir, ressentir le praticien et s'y abandonne totalement. Certains, comme le cheval, viennent positionner la partie nécessiteuse de leur corps sous la main du praticien et décident d'eux-mêmes de la durée de soin. « Le plein » étant fait, ils reprennent le cours de leurs activités. Le soin sur photo permet de soigner des animaux distants ou moins domestiqués et le processus est, là encore, identique à celui des êtres humains.

Soin des enfants et soin à la demande d'un tiers

Comme toute démarche thérapeutique, il est préférable qu'elle soit initiée par le patient lui-même. De la volonté de cette démarche personnelle découle déjà un positivisme facilitant la guérison.

En ce qui concerne les nourrissons ou les enfants, la question ne se pose pas, les parents étant maitres de cette décision. Le malade adulte, s'il est réfractaire à cette pratique, peut faire l'objet d'une demande de soin par un proche. Dans ce cas, ce tiers devient alors le point de contact, celui qui effectue le suivi auprès du praticien.

En aucun cas, évidemment, un soin ne doit être effectué à l'encontre de l'intégrité d'un patient. Encore moins pour essayer de l'influencer ou d'influer en la faveur du tiers qui le demande.

LE DÉGAGEMENT DE L'OBSESSION

Commençons par un rappel du tome 1.

La possession au sens de l'incorporation n'existe pas. Un Esprit n'entre pas dans un corps comme on monte dans une voiture ; il s'associe à l'âme de l'incarné en fonction de leur similitude. Le terme de « possédé » s'entend seulement par la domination de l'Esprit sur la personne qu'il dirige. C'est ce que l'on nomme obsession[22].

Il n'y a pas non plus de pacte, d'âme vendue à Satan (qui, bien que renfermant un enseignement moral, n'est là qu'une allégorie) et encore moins de « sorts jetés » : il n'y a que de mauvaises personnes sympathisant avec de mauvais Esprits, consciemment ou non. Certaines de ces personnes ont une force magnétique si intense que, même à leur insu, par simple action de la pensée, « envoient » toute la colère et la haine ressentie à l'égard d'autrui, s'adjoignant ainsi l'assistance de mauvais Esprits bien heureux de pouvoir se jouer de la personne ciblée. Par le même principe d'attraction, cet autre peut alors, par ses propres failles, se trouver sous l'emprise de cet environnement « envoyé ».

L'obsession n'est pas l'unique cause responsable de tous les problèmes de la vie. C'est parfois bien plus facile de le penser que de se soumettre à sa propre objectivité. En d'autres termes, il est toujours plus facile de dire que l'autre est responsable plutôt que de s'affronter soi-même. Certains viendront au médium en accusant le sort, le voisin, l'ex en colère ou la tante jalouse. Nous sommes pourtant bien souvent notre propre obsesseur… Cela est donc parfois une tâche difficile pour le médium guérisseur d'accompagner le patient face au miroir de l'âme, celui qui ne

---

[22] Voir Tome 1, chapitre 10 : L'obsession

peut mentir, même dans l'auto-défense la plus forcenée. Peu importe les objections, le médium guérisseur trouvera, ou se verra insuffler, les mots dont la résonnance guidera le patient là où il doit aller.

Jalousie, souhait de nuire, rituel quelconque communément appelé magie noire ou mauvais sort, tout n'est ici qu'intention, chaque pensée étant énergie. En d'autres termes, tout comme il ne suffit pas de jeter du gros sel pour se protéger, planter des aiguilles dans une poupée ne produit rien en soi. L'action est ici un support de la pensée, projetant la volonté de nuire et donc, toute l'énergie négative concomitante. À ceci s'ajoute le plaisir de certains Esprits à accompagner le processus (voire à le créer pour leur propre amusement).

Principes

Le dégagement s'adresse aux personnes attirantes ou étant victimes de mauvaises énergies. Ces énergies négatives sont généralement dues :

- à leur vécu ou leur constitution morale ou psychologique
- à ce qui est communément appelé mauvais sort, mauvais œil, forme pensée, envoûtement, etc.
- à un lieu d'habitation et/ou de travail « chargé »[23]
- à l'obsession d'un ou plusieurs Esprits

Quelques indicateurs :

- Comportement inhabituel, faisant agir de façon négative et malsaine, voire dangereuse, pour

---

23 Voir Soin des lieux

elle ou son entourage et sans aucun contrôle de
sa part

- Malchance répétée, accidents qui se succèdent,
  problèmes de toutes sortes qui s'enchaînent de
  manière récurrente
- Blocages affectifs
- Relationnel conflictuel
- Projets bloqués ou avortés sans raison
  apparente
- Etc.

Dans un premier temps, le médium guérisseur doit
identifier toutes sources, pathologiques ou non, émanant du
patient seul. En effet, par attraction, toute source d'énergie
négative personnelle attire donc de mauvaises énergies. Le
manque d'estime, la dépression, la moralité vacillante sont autant
de causes pouvant produire cet effet. Il faut ici résoudre la cause
pour dégager le patient de toute l'énergie négative accumulée.
Ainsi, le corps et l'esprit retrouvent une dynamique positive et les
blocages se lèvent.

Il est extrêmement important de bien comprendre que le
dégagement ne se pratique pas comme un simple soin de ré-
équilibrage. C'est un acte qui peut être dangereux à plus d'un
titre. Les réactions de l'Esprit, pouvant agir aussi nuisiblement
qu'il le souhaite, sont parfois assez virulentes, tant envers le
patient qu'envers le médium. Pour ce dernier, il est évident que
les atteintes dépendront de sa protection, car, par tous les moyens
possibles, l'Esprit tâchera de l'atteindre. Moyens directs comme
l'intimidation, la fatigue, des désordres énergétiques, douleurs en
tout genre. Ou indirects comme des pannes matérielles
désorganisant son planning du jour et visant à provoquer une
mauvaise préparation. Cela commence généralement au premier
contact avec le patient. L'Esprit sait déjà qu'il est démasqué,
traqué et sera bientôt « délogé ». Il fait alors tout ce qu'il peut
pour éloigner le patient du médium et lui faire annuler le rendez-

vous. Cette réaction est en fait extrêmement bon signe, car elle indique que le médium dérange. Et s'il dérange, le dégagement sera donc mené à bien.

Même protégé, le médium, s'il ne vit pas d'attaques directes, sera inévitablement fatigué par la dépense énergétique demandée par ce travail. Et s'il vit des attaques directes, il doit s'attendre à tout. Coups et blessures peuvent même être au menu s'il le faut. Le médium doit alors s'interroger sur ce qui, en lui, permet ces attaques et il est parfois plus sage qu'il délègue sa tâche à un confrère plus apte.

Le dégagement a donc une double cible, le médium guérisseur devant agir tant sur le patient que sur l'Esprit. D'une part, il vient éclaircir, assainir l'environnement spirituel du patient, mais également donner à son âme l'impulsion nécessaire à son avancement. Et par conséquent, donnant à l'âme, l'environnement spirituel s'en voit épuré. D'autre part, il vient permettre à l'Esprit obsédant de recevoir le même bénéfice moral et spirituel afin qu'il puisse évoluer dans la voie du bien.

Pour le patient, le principe consiste à le dégager de l'emprise psychique exercée par l'Esprit. Pour ce faire, le médium guérisseur doit commencer par ré-équilibrer son énergie vitale. Les fluides se combinant par affinité, les mauvais sont donc repoussés par les bons. Ainsi, le dégagement commence par le corps qui se voit épuré des énergies négatives que l'Esprit induit en enveloppant le périsprit de sa cible afin de le contrôler[24].
Puis :

- identifier les causes ayant permis à l'obsession de s'installer
- fortifier sa volonté et le faire travailler sur ces causes
- lui faire pardonner à l'Esprit

---

24 Voir Tome 1, chapitre 1 : Effets médiumniques

Quant à l'Esprit, il faut l'aider ou le forcer, selon les cas, à guérir de ses mauvais penchants, le faire évoluer moralement et spirituellement. Il doit être traité avec autant de fermeté que de bienveillance, aussi mauvais soit-il. De fait, face à l'éventuelle résistance de l'Esprit comme à ses menaces et attaques, la ferveur du praticien est de mise pour montrer qu'il ne cèdera pas. Tout en devant se protéger par la prière, il doit être animé d'une foi et d'une force spirituelle sans faille. Cette autorité doit prendre l'ascendant et ne laisser aucun champ libre à l'Esprit, le forçant ainsi à s'incliner devant cette supériorité spirituelle à laquelle il ne peut se soustraire.

Un échange doit donc s'établir avec cet Esprit. Avec toute l'aide de ceux qui l'assistent, le praticien, au nom de ce qui pour lui est la force supérieure, exige mentalement la présence de l'obsesseur. Si le contact ne peut ici s'établir, ce qui suit est alors apporté par la prière. Une fois le contact établi, il l'informe qu'il s'adresse à lui dans un but positif et bienveillant. Car ce que l'Esprit doit ressentir par-dessus tout, c'est l'Amour que le travail en cours souhaite lui apporter et qu'il mérite de le recevoir. Il l'invite à s'expliquer sur la raison de son action. Ensuite il lui explique le principe de la semence négative et de la récolte à l'identique afin de l'inciter à oublier ses griefs. Par la prière, il le moralise avec persévérance, demandant à son Guide d'influer en lui toutes les bonnes pensées et les meilleures aspirations. L'Esprit ayant lui aussi son libre arbitre, le guider vers la conversion est une tâche parfois bien délicate à mener. Par conséquent, s'il est fort peu enclin au positif, il se pliera moins promptement aux injonctions du médium. L'Esprit doit bien comprendre que son action sera vaine, car sa cible sera finalement dégagée de son influence. Charge à lui de suivre l'impulsion qui lui est donnée ou de la rejeter. Dans ce dernier cas, elle sera comme une lettre en poste restante et qu'il pourra ouvrir lorsqu'il se décidera à choisir le positif.

Le dégagement peut parfois avoir lieu à l'insu du patient, un tiers en faisant la demande. Cela peut également se faire ressentir lors d'un simple soin ou d'une consultation de voyance, l'obsesseur se dévoilant ou étant ressenti par le médium.

Effectué sur place ou sur photo, le médium choisira selon les cas ce qui conviendra au mieux au patient et à lui-même.

Le pardon

"Rester en colère, c'est comme saisir un charbon ardent
avec l'intention de le jeter sur quelqu'un ; c'est vous qui vous brûlez."
Bouddha

Dans le cadre d'un dégagement, pardonner à la personne source et/ou à l'Esprit obsesseur est une obligation. Faire appel à des forces spirituelles pour être dégagé de cette emprise et ne pas être soi-même dans le spirituel, revient à aller prier à l'église, en sortir, écraser les pieds d'une personne qui rentre et ne pas s'excuser. En d'autres termes, cela ne sert à rien. Le pardon, aussi difficile soit-il, c'est répondre à la haine par l'Amour, force inébranlable face à laquelle les Esprits inférieurs se plient, ne pouvant la combattre de leurs penchants. C'est faire preuve d'une sagesse qui élève et qui, de fait, éloigne le négatif.

Pardonner est un acte bien difficile, selon l'intensité des faits induits. Mais pour sa paix intérieure, il est salutaire de laisser derrière soi le ressentiment et la rancune afin de se libérer des colères qui nous animent. Certes, il n'est pas défendu de voir le mal quand le mal existe, une offense est une offense et l'émotion qu'elle provoque est un fait avéré.

Pardonner n'est pas minimiser sa souffrance ou donner raison à l'autre. Pardonner, c'est expulser l'impact émotionnel, se défaire du mal généré par cette offense. Tant que l'on entretient colère et rancœur envers l'offenseur, on maintient le lien qui nous lie à lui, faisant perdurer la souffrance ressentie (et donc, l'attraction du négatif.). Ça ne veut pas dire oublier ou faire comme si rien ne s'était passé. C'est à faire pour soi, pour avancer, car tant que nous maintenons l'envie de réparation, de vengeance, nous restons figés dans le passé et animés de pensées négatives.

Comme toute émotion (les négatives plus particulièrement), il est nécessaire de la laisser s'exprimer. La contenir, tenter de faire avec, voire de la nier rend finalement le mal bien plus actif. Crier, hurler, pleurer, peu importe, il faut laisser sortir, purger, se libérer de cette émotion négative. Si besoin, un moyen un peu scolaire, mais efficace est d'écrire ce que l'on ressent. Cela peut être par exemple sous la forme d'une lettre adressée à l'offenseur (lettre qu'il ne faut pas relire une fois écrite et détruire aussitôt).

Il faut surtout bien intégrer qu'on le fait pour soi, à moins de préférer être de mauvaise humeur en ressassant l'offense et en envenimant notre colère… Pardonner c'est vouloir être bien. Cela n'enlèvera rien au fait en lui-même, mais lâcher prise est toujours la meilleure solution.

Un regard objectif sur le fait reproché peut aussi aider à relativiser et à comprendre l'offense. L'offensé n'a-t-il pas été l'offenseur en première instance ? Aucune parole dévalorisante n'a-t-elle été prononcée ? Aucune action blessante n'a-t-elle été produite ? L'offensé n'a-t-il pas envenimé quoi que ce soit ? A-t-il toujours été bienveillant ? Nous avons tous de mauvais penchants, des défauts à corriger et il est toujours plus facile de voir la paille dans l'œil de l'autre en ignorant la poutre dans le sien. S'arranger avec sa conscience ne demande que peu d'effort face à l'insurmontable apparent…

Il est compréhensible de vouloir réparation, mais il se peut également que l'offenseur ne soit pas « intellectuellement » en mesure d'agir autrement. Reconnaître cette faiblesse n'est pas un jugement, mais permet de prendre les choses de qui ça vient. Cela ne doit en aucun cas être un orgueilleux constat de supériorité, condamnant en autrui ce qu'il pourrait s'excuser à lui-même. D'un point de vue moral, ne croyant pas aux valeurs qui lui manquent, l'offenseur est celui qui est à considérer comme « en retard » dans sa progression. Et comme le malade, il est celui qui doit guérir.

Dans tout cela, il ne faut bien sûr pas confondre le pardon du cœur avec le pardon des lèvres. Le vrai pardon s'établit dans les actes et pas seulement dans les mots… Dire "je pardonne" en souhaitant le retour de boomerang n'est pas des plus bienveillant.

Sur le chemin du progrès moral et spirituel, le pardon nous rapproche donc toujours plus de l'homme de bien et de l'équilibre salutaire que l'on doit se procurer à soi-même… Un grand nombre de maladies organiques et de troubles psychologiques proviennent des sentiments toxiques et affligeants. La rancune ne peut qu'entraver l'équilibre salutaire que l'esprit permet au corps.

Pardonner c'est semer de bonnes graines dans de la bonne terre ; la récolte n'en sera que meilleure.

CONCLUSION

Bien que restant en marge, la pratique des soins énergétiques poursuit sa marche, portée par la bienveillance de ses pratiquants. Le temps, composante nécessaire à la germination de toute graine, fait son œuvre…

Elle se heurte néanmoins encore à certaines croyances matérialistes tenaces. Entre un soin unique pour guérir l'eczéma et un traitement à vie vendu en pharmacie, notre société appelle à la supercherie pour défendre son commerce. Pour la médecine, bien que certains hôpitaux aient dans leurs carnets d'adresses ce qu'ils appellent des barreurs de feu, cette démocratisation est encore bien balbutiante. Et peu nombreux sont les médecins qui prennent en compte l'esprit autant que le corps. Quant à la sainte Église, elle réserve ses miracles de guérison aux saints dont elle atteste les actes. Ils ne leur sont pourtant pas réservés et ne sont ni miraculeux ni surnaturels, mais les simples merveilles de la nature. Cependant, reconnaitre ces soins comme étant à la portée de tout un chacun lui ferait perdre sa place de relais unique entre l'homme et le Divin, annihilant ainsi ce magnifique potentiel que cette même divinité a semé en chacun de nous.

Même si les résultats parlent d'eux-mêmes, le scepticisme entraine le même questionnement au regard de ces derniers. Effet placébo ? Réel influx du praticien ? Au fond, peu importe, l'important étant que le patient se sente soulagé ou guéri. Et bien que nous possédions tous cette faculté de guérison, on ne s'improvise pas professionnel des soins énergétiques dès lors que l'on a réussi à calmer le mal de tête de tonton à Noël. Encore moins médium guérisseur qui est un acte de foi dont la dévotion spirituelle se veut totale. Ses dangers, tant pour celui qui pratique que pour ses patients, sont à appréhender le plus raisonnablement possible. L'équilibre et la résistance tant physique que psychologique sont une nécessité absolue.

Au-delà des soins en eux-mêmes, cette pratique nous démontre le moyen de nous prémunir de bon nombre de maux hérités de nos comportements et, par le même principe, notre capacité d'auto-guérison. De plus, la morale qu'elle contient ouvre à chacun la voie du progrès spirituel. Mais ce qu'elle démontre par-dessus tout, c'est que nous faisons tous partie d'un « Un » qui nous unit, nous universalise et nous égalise dans l'Amour. Cet Amour qui par le toucher, la prière ou une simple pensée, revitalise, nourrit, panse et fait grandir. Puisse chacun éveiller cela en lui pour que chaque « un » nourrisse ce grand tout qui nous le rend si bien si on sait l'écouter…

Table des matières

CHAPITRE 2

CHAPITRE 3

Livio Éditions
184 Avenue Frédéric Mistral
83110 Sanary-sur-Mer
ISBN : 978-2354550288
Collection Papillon
Prix de vente TTC : 10€
Dépôt légal : septembre 2019
Crédit photo portrait : Marc Aurel
Directrice de collection : Elisabeth Errera